디자인이 곧 비즈니스다

DESIGN __

성공을 창조하는 공간의 비밀

디자인이 곧 비즈니스다

IS ____

이현주 (줄리아) 지음

BUSINESS

fran & co

이 책은 하나의 공간입니다.

당신의 디자인이 세상과 만나기 전, 아주 조용하지만 힘 있는 공간.

나는 그 공간을 만들고 싶었습니다.

이현주(줄리아)

목차

Part 1.

비즈니스 공간 디자이너로의 성장:
20여 년간의 여정

Part 2.

공간의 무엇이 우리의 감정을 흔드는가?

Part 3.

브랜드 정체성과 고객 경험을
반영한 공간 전략

Part 4.

선순환 구조를 만드는 업무 공간 전략

Epilogue 1.
철학이 머무는 곳, 디자이너의 아뜰리에
Epilogue 2.
어떤 디자인이 좋은 디자인인가?

참고문헌

공간 디자인이 비즈니스 성과를
어떻게 창출할 수 있는가?

사람들은 종종 공간을 꾸미는 일을 '디자인'이라고 말합니다. 그러나, 디자인은 그 자체로 전략적 가치이자 성과이며, 곧 '비즈니스'입니다.

오늘날 비즈니스 세계는 그 어느 때보다 복잡하고 빠르게 변화하고 있습니다. 성공을 추구하는 기업들이 전략, 혁신, 고객 경험을 논하는 가운데, 간과되기 쉬운 한 가지 중요한 요소가 있습니다. 바로 '디자인'입니다. 디자인은 이제 비즈니스의 성패를 가르는 핵심 전략으로 자리 잡고 있습니다. 우리는 디자인을 통해 브랜드를 표현하고, 고객의 감정을 움직이며, 공간을 통해 비즈니스 성과를 창출할 수 있는 무한한 가능성을 발견하게 됩니다.

지난 10여 년간 국내외 다양한 프로젝트를 통해 이러한 사실을 반복해서 체감해 왔습니다. 비즈니스와 디자인은 밀접하게 연결되어 있습니다. 고객들이 매장을 방문할 때 느끼는 첫인상, 직원들이 사무실에서 일할 때 느끼는 안정감, 그 모든 것이 디자인에서 시작됩니다.

　기업이 성공하기 위해서는 브랜드의 철학과 목표가 공간을 통해 표현되고, 그 공간이 고객과 상호작용 하며, 직원들에게도 생산적인 환경을 제공해야 합니다. 잘 설계된 디자인은 고객들에게는 브랜드에 대한 신뢰와 감정을 심어주고, 직원들에게는 더 나은 업무 환경을 제공합니다. 이러한 점에서 디자인은 '아름다움' 그 이상의 의미를 지니고 있습니다. 이는 기업의 성공과 직결되는 중요한 요소입니다.

　이 책은 20여 년에 걸친 학업과 실무 경험, 그리고 글로벌 프로젝트를 통해 얻은 인사이트를 바탕으로, 디자인이 비즈니스 성과에 어떻게 기여할 수 있는지에 대해 다각적으로 설명할 것입니다.

　또한, 저는 샌프란시스코, 뉴욕, 그리고 남미에서의 학문적 배경을 통해 얻은 글로벌한 관점을 통해, 디자인이 인간의 감정과 행동, 그리고 삶에 어떻게 긍정적인 영향을 미칠 수 있는지를 이야기하려 합니다.

　비즈니스와 디자인의 경계를 넘나들며, 이 두 가지가 어떻게 함께 융합되어 새로운 가치를 창출할 수 있는지, 그리고 여러분이 속한 비즈니스에서 디자인을 효과적으로 활용할 수 있는 방법들을 이 책에 담았습니다.

그리고 이제, 한 가지 질문을 던지고 싶습니다:

"디자인이 곧 비즈니스라면, 우리는 어떤 공간을 만들어야 할까요?"

'디자인이 곧 비즈니스다'라는 주제 아래, 공간이 어떻게 성공을 창조하는지 그 비밀을 풀어가 보겠습니다.

Part 1

비즈니스
공간 디자이너로의 성장:
20여 년간의 여정

디자인은 단지 공간을 아름답게 만드는 일이 아니다. 그것은 사람들의 경험을 설계하고, 삶의 방식을 변화시키며, 브랜드의 가치를 전달하는 강력한 도구다. Part 1에서는 이러한 철학이 나의 개인적인 여정 속에서 어떻게 형성되었는지, 그리고 비즈니스 공간 디자이너로 성장하기까지의 과정을 이야기하고자 한다.

어릴 적, 특별한 공간에서 느낀 감각적 경험은 나를 공간 디자인의 길로 이끌었다. 뉴저지의 가정집에서 경험한 자연과 공간의 조화, 샌프란시스코와 뉴욕에서의 인테리어 디자인 학업과 현장 경험, 그리고 남미에서의 건축 디자인 경험은 내 디자인 철학의 뿌리가 되었다. 이후, 글로벌 프로젝트와 외국 디자이너들과의 협업을 통해 공간이 사람, 브랜드, 그리고 문화를 어떻게 연결할 수 있는지를 깊이 고민하게 되었다.

나에게 디자인은 단순히 아름다움을 창조하는 일이 아니라, 사람들의 삶을 풍요롭게 하고, 비즈니스 성공을 연결하는 다리다. 이 책을 통해 여러분은 공간이 물리적 환경을 넘어, 사람들의 감정과 기억, 그리고 브랜드의 성공에 얼마나 깊이 영향을 미칠 수 있는지를 이해하게 될 것이다. 각 장의 이야기가 공간 디자인의 가능성과 비즈니스 성공으로 이어지는 방법에 대해 새로운 영감이 되길 바란다.

그리고 그 여정은 바로 여기서부터 시작된다.

Chapter 1

디자인 여정의 시작, '추억'

나의 디자인 여정은 '추억'에서 시작되었다. 어릴 적, 가족과 함께 갔던 한 특별한 레스토랑이 내 기억 속에서 아직도 생생하다. 문을 들어서는 순간, 공간의 독특한 분위기가 나를 사로잡았다.

약간 어둡다고 느껴지는 공간에서, 꽃을 연상시키는 컬러풀한 스테인드글라스 조명이 각 테이블마다 은은하게 퍼지고 있었다. 스테인드글라스의 따뜻한 색감이 빛과 어우러져, 공간 전체에 포근하고 특별한 이야기를 속삭이는 듯한 분위기를 더했다. 벽을 장식한 흑백 사진들과 크고 작은 액자들은 그곳만의 이야기를 조용히 이어 나갔다. 흑백 사진 속 인물들과 배경은 마치, 이 공간이 다른 시대에 있는 듯한 느낌을 주면서 그곳의 추억을 들려주는 듯했다. 부드러운 벨벳의 질감은 손끝으로 느껴졌고, 공간을 채운 은은한 향기와 테이블 위의 작은 꽃은 마음의 안정을 주었다. 잔잔히 흘러나오던 피아노 음악은 그곳의 특별함을 한층 더 돋보이게 만들었다. 그리고 메인 요리였던 폭립의 깊고 진한 맛이 그 순간을 완성했다.

"왜 어떤 공간은 그저 스쳐 지나가고,
어떤 공간은 마음속에 오래 남는 걸까?"

우리는 그곳에서 웃고 대화하며 즐거운 시간을 보냈다. 시간이 흐른 지금, 그날의 경험을 돌이켜 보면 그건 식사 이상의 경험이었다. 그 순간의 모든 감각들이 하나의 조화를 이루며, 그날은 나의 기억 속 깊이 남겨졌다. 그때 느낀 감정은 미각이나 시각적인 요소가 아닌, 공간이 주는 감각적 경험이 사람의 기억 속에 얼마나 깊이 각인될 수 있는지를 깨닫게 해주었다. 그곳의 조명, 색감, 소리, 재질 같은 작은 요소들이 모여, 그 순간을 특별하게 만들어 주었다. 이는 미적 요소를 넘어 인간의 경험을 설계하는 것이 바로 디자인의 본질이라는 생각으로 이어졌다.

그날 이후, 나는 공간이 우리의 일상과 감정에 얼마나 중요한 영향을 미치는지를 깊이 탐구하고 싶어졌다. 나의 디자인 여정은 바로 이 순간부터 시작되었다. 공간이 사람에게 미치는 영향, 그리고 그 안에서 형성되는 감정과 추억이 얼마나 강력한 힘을 지니고 있는지를 깨닫게 된 것이 바로 그날이었다.

당신도 그런 경험이 있을 것이다. 한 공간이 만들어 낸 특별한 분위기와 감각이 기억 속에 오래 남아, 시간이 지나도 따뜻한 추억으로 떠오르는 순간 말이다.

당신의 기억 속 특별한 공간은 어디인가? 이는 공간이 우리의 삶과 기억에 얼마나 큰 영향을 미치는지를 보여주는 강력한 증거가 아닐까?

디자인이 곧 비즈니스다

Chapter 2

세계로 향한 첫 발걸음

어렸을 때부터 나는 세계를 무대로 일하고 싶다는 꿈을 품고 있었다. 그러던 중 국제교환학생 프로그램을 알게 되었고, 그 기회를 놓치지 않기 위해 열심히 준비하여 미국으로 향했다. 그때 나는 16살이었다.

뉴저지에서의 생활은 나에게 자연적 요소가 얼마나 중요한지를 깨닫게 해준 시기였다. 나는 미국 드라마에서 자주 보던 중산층 주택가에 자리한 목재 구조의 하얀 단독 주택에서 지내게 되었고, 호스트 가족과 함께 넓은 뒤뜰에서 놀거나, 뒤뜰이 보이는 부엌 식탁에서 그림을 그리며 여가 시간을 보내곤 했다. 서울에서의 나의 여가 모습과는 사뭇 달랐다.

특히, 잠자리에 들 즈음 내 방의 창문을 통해 달빛이 들어오는 풍경은 그 자체로 신비로웠다. 서울에서는 볼 수 없었던, 달빛이 공간을 채우는 모습이었다. 나는 그 달빛을 보며 자연의 요소가 어떻게 공간을 완성시키는지를 느꼈다. 낯선 땅에서, 낯선 집의 침대에서 잠드는 나를 비추던 달빛은 매일 밤 나를 위로하던 포근함 그 자체였고, 그 순간부터 자연스럽게 공간과 자연의 조화에 대해 새로운 시선으로 바라보게 되었다.

미국에서의 삶은 한국에서 가족과 살던 방식과 크게 달랐다. 호스트 가족의 생활 방식을 통해, 공간이 어떻게 가족 간의 상호작용에 중요한 영향을 미치는지를 경험했다. 특히, 저녁 식사 시간에는 가족 모두가 라운드 테이블에 모여 로스트 치킨과 사이드 디쉬를 나누고, 하루 동안의 일상에 대해 이야기하는 풍경이 낯설면서도 따뜻했다. 미국 드라마에서 보던 장면이 내 일상 속에서 펼쳐졌다.

식사 후에는 호스트 시스터와 브라더와 함께 지하에 있는 푸즈볼과 포켓볼을 하며 시간을 보냈다. 그 후, 따로 책상이 없었기 때문에, 우리는 라운드 테이블에 다시 모여 학교 숙제를 했다. 그 공간에서는 모든 일이 '함께' 이루어지는 것처럼 느껴졌다. 식사와 공부가 하나의 공간에서 자연스럽게 이어지는 생활 방식은, 공간의 배치와 가구의 선택이 사람들 간의 교류와 상호작용에 얼마나 중요한 영향을 미치는지를 깊이 체감하게 했다.

특별한 날에는 벽난로에 불을 지피는 것이 하나의 작은 이벤트였다. 벽난로 앞에 둘러앉아 가족들이 서로의 이야기를 나누고, 사소한 대화 속에서 자연스럽게 웃음이 번지곤 했다. 불꽃 위에

디자인이 곧 비즈니스다

마시멜로를 구우며 스모어*를 만들어 먹기도 했다. 달콤한 초콜릿과 마시멜로가 입안에서 녹아내릴 때, 공간에는 즐거움과 웃음이 가득 찼다. 불꽃이 타오르며 퍼지는 따뜻한 기온은 가족 간의 교류를 위한 포근한 분위기를 만들어 주었다. 그 순간, 벽난로는 가족을 연결하는 매개체가 되었다. 이러한 환경은 가족 구성원들이 더 많은 시간을 함께 보내며, 소통과 유대감이 깊어질 수 있는 소중한 계기가 되었다.

"공간은 어떻게 감정을 매개하고,
관계를 이어주는 걸까?"

나는 고등학교 3년 동안 동부의 뉴저지와 남부의 조지아에 있는 서로 다른 두 미국 가정에서 생활했다. 한국 가정과는 사뭇 다른 환경과 문화 속에서 다양한 경험을 했다. 기후와 문화적 차이, 그리고 함께한 가족 구성원까지 모두 달랐던 두 지역에서의 경험은 자연과 공간이 사람들의 삶과 관계, 그리고 기억에 얼마나 깊은 영향을 미치는지를 깨닫게 해주었다. 이러한 경험은 내가 디자인을 할 때, 언제나 문화적 맥락과 사용자의 생활 방식을 깊이 고민하게 만드는 나의 디자인적 사고의 뿌리가 되었다.

---

* 스모어(S'more): 미국과 캐나다 캠핑 문화에서 즐겨 먹는 디저트로, 불에 구운 마시멜로와 초콜릿을 크래커 사이에 끼워 먹는다. 'Some more(조금 더)'라는 말에서 유래했다.

Chapter 3

샌프란시스코, 뉴욕, 그리고 남미

미국 대학 진학을 앞두고, 마음에 품었던 두 도시, 뉴욕과 샌프란시스코 중 어느 도시에서 학업을 이어갈지 고민했다. 나는 대학 선택에서 학교 네임 밸류보다는, 도시의 분위기와 그곳에서 얻게 될 경험의 깊이를 더 중요하게 여겼다. 두 도시는 전혀 다른 매력을 지니고 있었고, 직접 면접을 보러 가면서 도시의 특색과 분위기를 몸소 느껴보았다.

어릴 적부터 꿈꿔왔던 도시인 뉴욕을 선택할 줄 알았지만, 샌프란시스코는 나에게 더 강한 인상을 남겼다. 이 도시는 자연과 건축, 그리고 예술과 디자인이 조화롭게 어우러진 곳이었다. 바닷가를 따라 조깅하며 도시의 곡선을 느끼고, 골든 게이트 파크에 앉아 나무 사이로 떨어지는 햇빛을 바라보던 순간들, 그리고 빅토리안 하우스*에서의 생활은 공간이 주는 감정적 울림을 새롭게 인식하게 해주었다. 화려한 장식과 다채로운 외벽 색감을 지닌 이 19세기풍 주택은 샌프란시스코 고유의 미적 정체성을 상징하는 공간이었다. 해 질 무렵이면, 집 뒷마당에서 바라보는 바닷가의 노을은 나의 하루를 정리해 주듯 마음을 편안하게 했다.

이 도시는 예고 없이 자주 안개로 감싸였다. 도시 전체의 윤곽이 사라지고, 풍경이 흐려진 채 조용히 하루가 시작되곤 했다. 골든 게이트 브리지Golden Gate Bridge나 베이 브리지The Bay Bridge를 건너며 물 위로 떠오른 작은 도시를 바라보는 일상은 도시에 대한 인식을 다층적으로 확장해 주었다. 도시 전역에 보이는 역사적인 건축물들과 언덕 지형이 만들어 내는 독특한 거리 풍경은, 내게 도시라는 공간이 감각적으로 경험되는 환경이라는 것을 일깨워 주었다.

나는 CCACalifornia College of the Arts에서 인테리어 디자인Interior Design을 전공하며, 도시와 자연환경이 서로 상호작용 하는 방식과, 그 속에서 사람들이 머물고 연결되는 순간들을 관찰하고 사유하며 디자인적 영감을 얻곤 했다.

---

* 빅토리안 하우스(Victorian House): 19세기 말 영국 빅토리아 여왕 시대의 영향을 받아 지어진 주택 양식. 특히 샌프란시스코에서는 화려한 장식과 다채로운 외벽 색감, 고풍스러운 실루엣으로 도시의 고유한 정체성과 미적 감각을 대표하는 건축물로 자리 잡고 있다. 언덕 위로 줄지어 선 이 집들은 샌프란시스코의 풍경을 상징하는 요소이기도 하다.

샌프란시스코에서 학업을 마친 후, 나는 동부의 디자인 접근 방식에 대해 궁금해졌다. 뉴욕은 복잡한 도시 환경과 역사적인 건축물이 공존하는 도시였다. 센트럴파크 중심에 서서 고층 빌딩으로 둘러싸인 자연을 바라볼 때면, 도심 속에서 자연이 어떻게 존재할 수 있는지를 새삼 체감하게 했다. 하이라인(The High Line)을 따라 걷는 길에서는 도시 위에 또 하나의 도시가 펼쳐지는 듯한 감각이 느껴졌다.

분주한 소호의 거리, 911 메모리얼이 주는 조용한 무게, 그리고 밤늦도록 꺼지지 않는 빌딩의 불빛은 이 도시가 지닌 에너지와 밀도를 상징하는 풍경이었다. 가끔 기숙사 옥상에서 내려다본 도시의 격자 구조는 나에게 다른 차원의 질서를 느끼게 했다.

나는 뉴욕 파슨스Parsons School of Design에서 환경디자인Constructed Environment을 수료하며, 뉴욕의 역사와 다양한 문화적 층위가 디자인에 어떻게 반영되는지를 이해할 수 있었다. 뉴욕의 디자인은 역사와 현대가 교차하는 복잡한 도시 속에서 새로운 해석을 요구했다.

샌프란시스코와 뉴욕에서의 경험을 바탕으로, 나는 남미에서 더 깊은 학문적 탐구를 이어갔다. 아르헨티나와 칠레에서 건축 디자인 수업을 들으며, 지형과 기후가 건축에 어떻게 영향을 미치는지를 직접 체험할 수 있었다.

파타고니아에서 눈으로 덮인 산맥 속에 자리 잡은 호텔들, 발파라이소의 언덕 위 집들과 바다 절벽 끝에 지어진 건축물들, 그리고 산티아고 도심의 현대적 건축물들은 모두 땅과 기후, 그리고 사람의 삶이 얽혀 만들어진 결과물이었다. 남미의 건축은 도시의 기능을 넘어서, 삶의 방식과 환경에 대한 해석이 녹아 있는 공간 이었다.

특히, 아르헨티나에서는 현지 교수님과 정부 기관과 함께한 도시 재생 프로젝트의 건축 디자인 과정에 참여하면서, 건축이 도시 환경과 지역 주민의 삶에 어떤 변화를 이끌어 낼 수 있는지를 몸소 체감할 수 있었다. 공간이 사회적 맥락과 만날 때 생겨나는 영향력에 대해 더욱 깊이 고민하게 된 계기였다.

> "낯선 도시는 왜,
> 우리의 마음을 더 품고,
> 오랜 시간 잊히지 않는 감정이 되는 걸까?"

샌프란시스코, 뉴욕, 그리고 남미에서의 학업과 현장 경험은 나에게 도시적 특성을 이해하는 것을 넘어, 공간이 어떻게 사람들의 삶에 감정적, 문화적, 그리고 실용적인 영향을 미치는지를 깊이 탐구할 수 있는 기회를 주었다. 도시를 살아본다는 것은 공간 속에 스며든 감정과 기억을 온몸으로 체험하는 일이었고, 그 경험은 나를 더 나은 디자이너로 이끌었다. 이 과정에서 나는 디자인을 기술적 해결책이 아닌, 사람과 공간이 서로 상호작용 하며 삶의 가치를 만들어 가는 '사람을 위한 이야기'로 바라보게 했다.

Chapter 4

글로벌 프로젝트 인사이트

외국계 디자인 회사에 입사하며, 내가 갖춘 영어 실력은 자연스럽게 팀의 커뮤니케이션을 이끄는 역할로 이어졌다. 그러나 회의록, 이메일, 프레젠테이션 등 영어 관련 업무가 내게 집중되면서, 오히려 디자인에 몰두할 시간이 부족해지는 아이러니도 있었다. 당황스러운 상황이었지만, 디자인을 향한 나의 열정을 다독이며 늦은 시간까지라도 작업에 몰두하려 노력했다. 그렇게 쌓아간 시간 덕분에, 나는 비교적 이른 시기에 해외 프로젝트를 맡게 되었고, 다양한 도시를 오가며 해외 클라이언트들과 일한 경험은 디자이너로서의 나를 더 크게 성장시켰다.

특히 외국 클라이언트들은 더 개방적인 사고와 혁신적인 디자인을 기대했다. 그들은 기존의 틀에 얽매이지 않고, 새로운 아이디어와 창의적 접근을 적극 환영했다. 이 점이 나에게 더 큰 디자인 도전과 기회로 다가왔고, 나의 디자인 역량을 한 단계 높이는 계기가 되었다.

나는 Microsoft, Nvidia, Nike, J.P. Morgan, Citibank, Deutch Bank, Volvo, BMW, Jaguar Land Rover와 같은 글로벌 브랜드들의 공간 디자인 프로젝트에 참여하고 리드하며, 브랜드 아이덴티티와 글로벌 비전을 반영한 혁신적이고 실용적인 디자인 솔루션을 제공해 왔다.

현대의 쇼룸과 매장 디자인은 단지 제품을 전시하는 공간이 아닌, 브랜드의 가치와 정체성을 고객이 체험할 수 있는 매개체로 작용한다. 특히 글로벌 시장에 진출한 브랜드의 경우, 현지 문화와 특성을 반영한 공간 디자인은 더욱 중요하다.

내가 참여한 싱가포르의 한 쇼룸 프로젝트는 현지의 문화적 특성과 도시 맥락을 세심하게 반영하여 설계되었다. 싱가포르의 낮과 밤이 만들어 내는 도시의 대비, 그리고 풍부한 자연 요소에서 영감을 받아, 자동차가 돋보이면서도 고객들이 자유롭게 공간을 탐색하며 브랜드를 경험할 수 있도록 디자인했다. 익숙하면서도 새롭게 느껴지는 공간을 통해, 방문자는 브랜드의 친환경 철학과 혁신적인 비전을 자연스럽게 체감할 수 있도록 했다. 이러한 접근은 '싱가포르'라는 장소성과 브랜드 아이덴티티가 조화를 이루며, 그 매장만의 독창적이고 강렬한 인상을 남기는 데 기여했다.

한국에서 첫선을 보인 한 일본 브랜드 매장에서는 일본과 한국의 전통적인 건축 양식을 현대적으로 재해석한 디자인으로 완성되었다. 목재와 격자 구조를 활용해 선반의 칸막이이자 지지 구조물로 기능하게 하여, 브랜드의 시그니처 제품이 더 돋보이도록 디자인했다. 이러한 디자인을 통해 한국 고객들에게 브랜드의 장인 정신과 독창성을 전달하는 동시에, 일본과 한국 두 문화의 조화 속에서 새로운 경험을 가능하게 했다. 고객이 제품을 둘러보며 브랜드의 이야기를 경험하게 함으로써, 브랜드와의 감정적 연결을 한층 더 강화했다.

> *"언어가 달라도,*
> *공간이 주는 감정은 왜 이렇게 깊이 통하는 걸까?"*

이와 같이 쇼룸과 매장 공간을 설계할 때, 현지 문화와 고객 경험을 깊이 고려하는 것은 글로벌 브랜드가 각 지역에서 감정적 연결을 구축하는 데 중요한 전략이다. 고객은 공간을 통해 브랜드가 그들의 생활 방식과 문화적 배경을 이해하고 존중하고 있다는 것을 느낄 수 있다. 이는 브랜드와 고객 간의 깊은 유대감을 형성하며, 제품 구매를 넘어선 특별한 경험으로 이어진다.

글로벌 브랜드들의 오피스는 업무 공간 이상의 의미를 담고 있다. 그들은 직원들의 창의성을 높이고 협업을 촉진할 수 있는 동시에 웰빙을 고려한 공간을 만드는 것을 핵심 가치로 여겼다. 마이크로소프트 프로젝트에서는 최신 기술을 사용한 미팅룸, 직원들의 창의적 사고를 유도하는 게임 존, 여유로운 분위기의 카페형 휴식 공간, 웰빙을 고려한 헬스장과 마사지룸, 그리고 짧은 휴식을 위한 수면실 등을 구성해 직원들이 최고의 생산성을 낼 수 있도록 설계했다. 이러한 공간은 편리함만을 제공하는 것이 아니라, 직원들이 재충전하고 동기부여를 받을 수 있도록 돕는다.

나이키 프로젝트의 경우, 'NIKE Freestyle'이라는 콘셉트 아래, 직원들이 언제 어디서나 자유롭게 일할 수 있는 유연한 업무 환경을 강조하며, 직원과 방문객의 경험을 최우선으로 고려했다. 이러한 공간 설계는 일터에 대한 새로운 접근 방식을 반영한다. 자유롭고 창의적인 환경 속에서, 직원들은 브랜드의 가치와 문화를 공간 속에서 자연스럽게 체감하게 된다.

공간 디자인은 브랜드 철학과 비전을 구현하는 강력한 도구다. 공간은 사람들에게 브랜드의 이야기를 전달하고, 감정적 연결을 형성하며, 기억에 남는 경험을 제공한다. 내가 참여했던 글로벌 프로젝트들은 공간을 만드는 작업을 넘는, 브랜드와 고객, 그리고 직원들을 연결하는 다리가 되었다.

Chapter 5

외국 디자이너와의 협업

외국 디자이너들과의 협업은 나에게 또 하나의 깊은 배움이었다. 씨티은행 프로젝트에서는 호주와 홍콩 디자이너들과 함께 국내 지점을 위한 은행 디자인을 진행했다. 외국 디자이너들과의 협업 과정에서, 문화적 차이와 소통 방식의 차이로 인해 디자인 진행이 어려웠던 적도 있었다. 하지만, 우리는 서로의 시각을 존중하고 조율하면서, 최종적으로 한국적 맥락이 존중된 완성도 높은 디자인을 실현할 수 있었다.

씨티은행의 WM센터들은 로열 고객을 위한 고급스러운 환경을 제공하는 데 중점을 두었다. 이곳의 디자인은 마치 호텔 로비와 같은 웅장하고 세련된 분위기를 자아낸다. 입구에 들어서자마자, 존재감 있는 리셉션 데스크와 아늑한 조도로 고객을 맞이한다.

공간 전반에는 톤 다운된 훈제 무늬목과 보라색, 겨자색, 와인

색 같은 깊이 있는 색감의 가구들, 고급스러운 대리석 재질을 사용하여 공간의 품격을 높였다. 곳곳에 배치된 아트워크와 오브제는 예술적인 감각을 강조하여, 고객이 브랜드의 가치를 느낄 수 있도록 했다. 또한, 라운지와 컨퍼런스룸은 책장 파티션과 히든 도어로 분리되어, 필요에 따라 아늑한 프라이빗 공간 혹은 개방적인 그룹 공간으로 유연하게 활용할 수 있게 설계했다.

컨설팅룸 또한 고객이 편안하게 상담받을 수 있도록 아늑하게 디자인했으며, 디지털 기술을 적극적으로 활용해 미래 지향적이면서도 고급스러운 느낌을 강조했다. 한 지점은 야외 테라스를 갖추어 플랜테리어와 야외 바를 배치해 브랜드 가치를 한층 더 부각시켰다. 테라스 공간은 고객에게 휴식과 여유를 제공하며, 은행 상담 이상의 특별한 공간으로 기억되도록 했다.

"서로 다른 시선이 만났을 때,
공간은 왜 더 깊어지고 넓어지는 걸까?
그리고 우리는, 그 차이를 어떻게 하나의 이야기로
만들어 갈 수 있을까?"

외국 디자이너들과의 협업은 다양한 문화적 시각으로 공간을 해석하고, 이를 한국의 맥락에 맞게 조율하는 복합적인 디자인 경험이었다. 그 과정은 아이디어를 공유하는 수준을 넘어서, 서로 다른 디자인 배경과 철학을 가진 사람들과의 '소통, 설득, 조율'이 핵심이 되는 일이었다. 때로는 도전적이었지만, 복잡한 상황 속에서도 문제를 함께 해결해 나가는 역량을 키울 수 있었던, 매우 값진 시간이기도 했다.

무엇보다도 서로 다른 관점이 부딪히고 조화를 이루며, 하나의 이야기로 완성되는 과정을 직접 경험하면서 '다름'이 만들어 내는 창조적 가능성과 힘을 실감할 수 있었다.

그 경험은 디자이너로서의 나를 더욱 단단하게 성장시켰고, 협업을 바라보는 나의 관점에도 깊이를 더해주었다.

Chapter 6

프란앤코: 사람들의 삶을 위한 공간 디자인

어떤 공간에 들어서는 순간, 이유 없이 마음이 풀어지고 오래전 기억이 피어오르는 경험이 있는가?

공간은 우리가 살아가는 이야기의 배경이자, 우리가 느끼고, 생각하고, 행동하는 방식에까지 깊은 영향을 미친다.

이 철학을 바탕으로, 나는 2022년 서울에서 인테리어 디자인 컨설팅 스튜디오 '프란앤코Fran&Co'를 설립했다. 샌프란시스코와 뉴욕, 그리고 남미에서의 다양한 글로벌 디자인 경험은 공간을 단순한 구조물로 보지 않고, '사람의 감정과 기억이 머무는 무대'로 바라보게 했다.

프란앤코는 공간을 사람들이 연결되고, 감정을 나누며, 이야기를 만들어 가는 경험의 장으로 정의한다. 우리의 디자인 철학은 '공간은 삶의 질을 결정짓는 핵심 요소'라는 믿음에서 출발한다.

'공간, 사람, 감성, 상호작용, 경험, 메시지, 회상'—이 일곱 가지 키워드는 프란앤코의 디자인 접근 방식에 깊이 스며 있다. 섬세하게 설계된 재료와 구조, 배치와 동선은 사람의 감각을 자극하고 교류를 이끌어 내며, 오래도록 기억되는 경험을 만들어 낸다.

프란앤코의 비전은 '공간을 통해 사람들의 삶을 더 아름답게 만드는 것'이다. 이를 실현하기 위해 우리는 프로젝트마다 삶을 바라보는 깊은 통찰과 섬세한 감각을 담아낸다. 우리가 만드는 공간은 단지 머무는 장소가 아니라, 꿈을 실현하고, 기억을 쌓고, 사람을 변화시키는 무대다.

그리고 우리는, 그 무대를 함께 설계하는 파트너가 되고자 한다. 프란앤코는 고객들에게 그들의 삶과 비즈니스가 유기적으로 성장할 수 있는 환경을 제안하며, 그 여정에 진심으로 함께한다.

이 책을 읽는 동안, 당신의 일상 속 공간이 새로운 시선으로 다가오길 바란다. 커피를 마시던 작은 카페, 하루를 시작하는 사무실, 혹은 당신만의 집—그곳이 당신의 감정과 기억, 그리고 가능성을 어떻게 바꿔줄 수 있는지, 곧 발견하게 될 것이다.

"그리고 언젠가,
당신의 삶 속 공간 역시 프란앤코의 손길로 다시 태어나기를."

디자인이 곧 비즈니스다

Part 2.

공간의 무엇이
우리의 감정을 흔드는가?

공간은 물리적 구조물이 아니다. 우리가 그 안에 들어설 때, 공간은 우리의 감각을 깨우고 감정을 자극하며, 때로는 잊을 수 없는 기억을 만들어 낸다. 공간은 말 없이도 강렬한 이야기를 전달한다. 눈에 보이는 색채와 형태, 조명, 손끝으로 느껴지는 텍스처, 그리고 피부로 스며드는 온도까지, 공간을 구성하는 모든 요소는 우리의 마음과 감정을 움직이는 하나의 언어다.

어떤 공간에 들어서자마자 느껴지는 아늑함이나 긴장감은 우연이 아니다. 벽의 색, 창문으로 스며드는 빛, 손이 닿는 재질, 공간의 크기와 동선의 흐름은 우리의 정서와 긴밀히 연결되어 있다. 이러한 요소들은 공간이 우리의 기억 속에서 어떤 형태로 남을지를 결정짓는 중요한 역할을 한다. 마치 음악의 멜로디가 우리의 감정을 춤추게 하듯, 공간은 눈에 보이지 않는 감정의 선율을 만들어 낸다.

우리는 왜 어떤 공간에서는 안정감을 느끼고, 또 다른 공간에서는 창의적 영감을 받는가? 무엇이 그 미묘한 차이를 만들어 내는가? 그것은 단순히 공간의 미학적 아름다움 때문이 아니다. 공간은 우리의 모든 감각을 끌어들여 감정적으로 소통한다.

공간은 인간의 감정과 기억을 담는 그릇이다. 그리고 그 안에 담긴 이야기들은 우리가 그 공간을 어떻게 기억하고, 다시 찾고 싶어 하는지를 결정짓는다.

이 장은 공간이 우리의 감정을 움직이는 방법과, 그 속에서 만들어지는 정서적 연결의 비밀을 풀어내는 여정이 될 것이다.

Chapter 1

색채가 주는 감정

색상은 사람의 감정과 반응에 깊이 영향을 미치는 도구다. 공간 디자인에서 색을 사용하는 것은 하나의 언어로서, 이를 통해 공간이 전달하고자 하는 메시지를 직관적으로 느끼게 할 수 있다. 색은 특정 감정과 기억을 떠올리게 하고, 사용자의 심리적 상태에 영향을 준다. 따라서 색상은 비즈니스 공간에서 고객의 경험과 직원의 생산성을 크게 좌우하는 요소로 작용한다.

문을 열고 들어선 순간, 파란색 톤의 벽과 하얀 가구가 조화롭게 배치된 공간이 당신을 맞이한다. 푸른 바다가 펼쳐진 해변가에 서 있는 듯한 안정감과 고요함이 느껴진다.

색상에는 각각 고유의 감정적 코드가 있다. 파란색은 흔히 신뢰와 차분함을 상징하는 색상이다. 파란색은 사람의 심박수를 낮추고 심리적으로 안정감을 준다는 연구 결과도 있다. 금융기관의 로

고나 사무실 벽면에 자주 사용되는 이유도 바로 이러한 특성 때문이다.

예를 들어, 회의실 벽에 깊은 남색을 더하거나, 책상 주변의 소품에 파란색 톤을 배치하면 진중하고 프로페셔널한 분위기가 연출된다. 파란색은 공간을 차분하게 하며 동시에 브랜드의 신뢰를 한층 더 강화하는 색이다.

녹색은 잔디 위를 맨발로 걸을 때 느껴지는 부드러운 촉감과 자연의 온기를 떠올리게 한다. 숲속에서 맑은 공기를 마시며 산책하던 순간처럼 평온한 감정을 준다. 녹색은 자연과 치유의 상징이다. 인간은 본능적으로 자연 속에서 평온함을 느낀다.

지속 가능성과 환경을 강조하는 브랜드라면, 녹색을 통해 브랜드 철학을 자연스럽게 표현할 수 있다. 녹색과 우드 톤이 조화를 이루는 카페는 고객들에게 자연적이면서 따뜻한 브랜드 이미지를 심어줄 수 있다. 사무실 창가에 배치된 조경, 녹색 벽지, 혹은 회의실 한쪽에 이끼로 꾸민 벽은 자연 속에서 일하는 듯한 평온함을 준다.

빨간색은 한여름의 태양 아래에서 느껴지는 뜨거운 열기와 같은 강렬한 에너지를 담고 있다. 빨간색은 사람들의 주의를 끌고 순간적인 활력을 불어넣는 색이다. 패션 매장이나 음식점에서 빨간색이 자주 사용되는 이유도 바로 여기에 있다.

빨간색으로 강조된 진열대는 고객들의 시선을 자연스럽게 끌어들이며 구매 욕구를 자극한다. 매장 창문에 빨간색으로 강조된

'SALE' 문구를 본다면, 그 브랜드가 전하고자 하는 열정과 즉각적인 구매 욕구를 느낄 것이다. 빨간색은 구매 욕구를 자극하는 색상으로, 단기간에 강한 인상을 남기고자 할 때 효과적이다. 하지만 지나치게 사용될 경우 피로감을 줄 수 있으므로 신중하게 배치해야 한다. 미팅룸의 한쪽 벽에 빨간색 아트워크를 배치하거나, 쇼룸에 빨간색 의자를 포인트로 활용한다면 열정과 긴장감이 적절히 균형을 이루는 공간이 될 것이다.

노란색은 아침 햇살이 얼굴을 부드럽게 감싸는 순간의 활기와 기쁨을 떠올리게 한다. 봄의 데이지꽃이나 햇살을 따라가는 해바라기가 생각나기도 한다. 노란색은 긍정적이고 밝은 에너지를 상징한다. 창의적인 공간에서 노란색을 포인트로 사용하면, 일상의 지루함을 깨고 새로운 아이디어를 떠올리는 데 도움을 준다. 카페에 노란색 쿠션들을 배치하거나, 브레인스토밍룸의 벽면에 노란색을 더하면, 공간에 생동감과 활력을 불어넣을 수 있다.

보라색은 황혼의 하늘에 번지는 신비로운 보랏빛처럼 우아함과 깊이를 전달한다. 고급 레스토랑이나 호텔 로비에서 보라색 계열의 소파나 커튼이 사용되는 이유도 이 때문이다. 보라색은 공간에 고급스러운 분위기를 조성하고, 세련된 이미지를 만들어 준다. 보라색을 적절히 활용하면 브랜드의 품격을 한 단계 끌어올릴 수 있다. 라벤더와 같은 부드러운 보라색은 평온함을 주며 명상 공간이나 스파와 같은 휴식 공간에 적합하다.

뉴트럴 톤은 목화 이불 속에 포근히 감싸여 있을 때의 포근함을 떠올리게 한다. 베이지, 크림, 오프 화이트 색은 공간의 기본 바탕이 되어 다른 포인트 색상을 돋보이게 한다. 베이지 벽과 크림색 소파로 꾸며진 공간은 고객에게 따뜻함과 편안함을 제공하며, 뉴트럴 톤의 카펫은 직원들이 집중하기 좋은 분위기를 조성한다. 갤러리나 부티크 매장에서 뉴트럴 톤 배경은 제품이 주인공처럼 빛날 수 있는 캔버스 역할을 한다.

색상의 조화는 이 모든 감정을 한데 엮는 디자이너의 마법이다. 은은한 파스텔 톤은 부드럽고 차분한 분위기를 만들어 내며, 채도*가 높은 색상은 활기와 주목도를 높인다. 명도**가 낮은 어두운 색상은 공간에 무게감을 더하고 진중한 분위기를 만들어 준다.

카페에 파스텔 블루를 사용하면 밝고 은은한 느낌을 주어 고객들이 자연스럽게 차분함을 느끼고, 쇼룸 벽면에 채도가 높은 빨간색 그림을 걸어놓는 것만으로도 브랜드의 대담함과 열정을 느낄 수 있다. 색상의 적절한 조합은 브랜드의 정체성을 강화하고 사용자들에게 오래 기억에 남는 경험을 준다.

색상의 의미는 문화와 지역에 따라 다르게 해석되기도 한다. 빨간색이 서구에서는 열정과 사랑을 상징하지만, 중국에서는 행운과 부를 나타낸다. 흰색은 서양에서 순수함과 새로운 시작을 의미

---

* 채도: 색의 선명도나 진한 정도. 채도가 높을수록 색이 더 강렬하고 생동감 있게 보이며, 낮을수록 색이 흐릿하고 부드럽게 느껴진다.

** 명도: 색의 밝기를 나타내는 정도. 명도가 높으면 색이 밝아지고, 명도가 낮으면 어둡고 깊은 느낌을 준다.

하지만, 일부 아시아 국가에서는 슬픔과 이별을 상징하기도 한다. 또한, 녹색은 일반적으로 자연과 성장의 상징으로 사용되지만, 중동에서는 신성함과 보호를 상징하는 의미로 사용된다. 글로벌 시장을 목표로 하는 브랜드라면, 이러한 색상의 문화적 해석을 이해하고 적절히 활용해야 한다.

좋은 색상 전략은 공간을 아름답게 만드는 것을 넘어, 사용자에게 감정과 기억을 자극하고, 브랜드의 메시지를 전달하는 것이다. 색상은 고객이 브랜드에 대한 첫인상을 형성하는 데 결정적인 역할을 한다. 직원들에게는 일터에 대한 긍정적인 애착을 부여한다.

당신은 어떤 색상이 가장 마음에 드는가? 파란색의 차분함, 녹색의 평온함, 아니면 빨간색의 열정, 노란색의 활기, 아니면 보라색의 신비로움인가? 당신이 선택한 색상이 곧 공간을 살아 숨 쉬게 만드는 열쇠가 될 것이다.

스카이스페이스 시리즈, 〈쓰리 젬스〉

샌프란시스코 데 영 뮤지엄에서 만난 제임스 터렐James Turrell의 스카이스페이스Skyspace 시리즈 작품, 〈쓰리 젬스Three Gems〉는 색상과 빛이 얼마나 강렬하게 감정에 스며들 수 있는지를 온전히 체험하게 해준다. 돔 형태의 구조물 안, 천장에 둥글게 뚫린 구멍을 통

디자인이 곧 비즈니스다

해 하늘을 바라보면, 시간의 흐름에 따라 천장의 색이 끊임없이 변한다.

해 질 무렵, 푸른 하늘이 따뜻한 주황빛과 핑크빛으로 물들기 시작하면, 돔 안의 조명도 이에 맞춰 다양한 색상으로 서서히 변화하며 하늘과 조화를 이룬다. 이윽고 하늘은 보랏빛과 남색으로 깊어지고, 돔 내부의 빛은 더욱 선명하게 떠올라 시간의 흐름이 공간 속에 녹아드는 듯하다.

하늘과 돔의 색은 서로를 보완하며 관람객을 평온함 속으로 끌어들인다. 공간에 머무는 동안 관람객의 내면은 잔잔하게 가라앉고 감정의 흐름이 고요하게 정돈된다. 여럿이 함께 둘러앉아 있지만, 공간은 소음 없이 고요하다. 터렐의 〈쓰리 젬스〉는 빛과 색이 우리의 감정 속으로 스며들어 내면의 고요를 느끼게 해주는 작품이다. 이는 비즈니스 공간에서도 색상 전략이 사용자와 어떻게 깊은 감정적 유대감을 형성할 수 있는지에 대한 영감을 제공한다.

제임스 터렐의 스카이스페이스 시리즈는 샌프란시스코를 비롯해 세계 곳곳에서 만나볼 수 있다. 그러나 장소가 달라져도, 그 감정의 흐름은 늘 같다. 빛과 색은 언제나 고요하게, 그러나 강렬하게 우리 마음속에 머무른다.

스카이스페이스 시리즈, 〈쓰리 젬스 Three Gems〉 (샌프란시스코, 미국)

디자인이 곧 비즈니스다

스카이스페이스 시리즈, 〈더 웨이 오브 컬러 The Way of Color〉 (아칸소, 미국)

코펜하겐 슈퍼킬렌 공원

덴마크 코펜하겐의 슈퍼킬렌 공원Superkilen Park에 들어서는 순간, 마치 색채의 축제가 눈앞에 펼쳐진 듯한 기분이 든다. 강렬한 빨강, 생동감 넘치는 주황, 그리고 신비로운 보라색이 공원을 가득 채우며, 각각의 구역에 고유한 감정을 불어넣는다.

빨간 구역에서는 에너지와 열정이 넘친다. 자전거 바퀴가 돌고, 스케이트보드의 바퀴 소리가 경쾌하게 울리며 도시에 활기를 더한다. 마치 당신의 심장 박동이 이곳의 리듬에 맞춰 뛰는 듯한 기분이 든다. 반대로 녹색 구역은 조용하고 평온하다. 나무 그늘 아래서 책을 읽는 사람들, 천천히 산책하는 이들 사이로 잔잔한 여유가 흐른다.

어두운 회색 바닥 위의 흰색 곡선 라인도 빼놓을 수 없다. 이 선들은 공원을 가로지르며 사람들의 이동 경로를 자연스럽게 안내하고, 동시에 공간을 하나로 연결한다. 아이들에게는 뛰어놀 수 있는 경로가 되고, 어른들에게는 산책로를 제공한다. 라인을 따라 걷다 보면 공원의 다양한 오브제들을 발견하는 즐거움도 더해진다. 마치 공원이 거대한 캔버스가 되어, 사람들이 그 위에서 자유롭게 움직이며 각자의 이야기를 만들어 내는 듯하다.

하지만 슈퍼킬렌 공원의 매력은 색상 그 너머에 있다. 이곳은 코펜하겐 북서부 지역 주민들의 이야기와 정체성을 담은 '도시의 아이콘'이다. 공원 곳곳에는 모로코의 별 모양 분수, 이라크의 그네 벤치, 불가리아의 체스 테이블, 소말리아의 농구 골대가 자리 잡고 있다. 이러한 오브제들은 지역 주민들의 요청과 참여를 통해 선정되었으며, 공원이 디자이너만의 손길로 만들어진 것이 아니라 커뮤니티와 함께 완성된 공간인 것이다.

슈퍼킬렌 공원은 도시 재생 프로젝트로서, 도시 디자인과 색채가 어떻게 조화를 이루어 사람들의 삶에 변화를 줄 수 있는지를 잘 보여준다. 도시 속에서 색상이 어떻게 우리의 감정을 흔들고, 디자인이 우리의 일상에 스며드는지를 이해하고 싶다면, 슈퍼킬렌 공원에서 그 답을 찾을 수 있을 것이다.

슈퍼킬렌 공원 Superkilen Park (코펜하겐, 덴마크)

Chapter 2

조명이 만드는 분위기

조명은 공간을 빛으로만 채우는 도구가 아니다. 조명은 마치 마술처럼 공간의 표정을 바꾸고, 사람의 감정을 흔들어 깨운다. 적절하게 설계된 조명은 공간을 아름답게 드러낼 뿐만 아니라, 그곳에 머무는 사람들의 감정과 기억에 깊숙이 스며든다. 빛 하나로 레스토랑은 특별한 순간을 더 낭만적으로 만들어 주고, 사무실에선 더 몰입되는 공간이 된다. 같은 공간이라도 조명의 색과 강도, 각도에 따라 전혀 다른 분위기를 만들어 내는 것이다.

고급 레스토랑을 떠올려 보라. 부드러운 금빛 조명이 공간을 은은하게 감싸며 아늑한 분위기를 만들어 낸다. 마치 시간이 천천히 흐르는 듯 느껴지고, 그 순간은 더 소중하게 기억된다. 반면 캐주얼한 카페나 브런치 공간에서는 밝고 화사한 조명으로 상큼함을 더하고, 커피 한 잔에도 생동감을 불어넣는다.

음식이 놓인 테이블을 비추는 조명은 그 자체로 하나의 연출이다. 어두운 배경 속에서 테이블 위에만 집중되는 조명은 스테이크의 윤기를 살리고, 와인 한 잔을 더욱 빛나게 만든다. 사람들은 이 빛 아래에서 음식을 더 '맛있다'고 느끼며, 그 순간을 의식하진 않아도 더 특별하게 기억한다.

매장 조명 역시 마찬가지다. 조명이 없으면 옷의 색감은 제대로 보이지 않고, 고급 시계는 그 섬세한 디테일을 놓치고 만다. 조명은 단순히 '빛'을 내는 게 아니라, 제품을 돋보이게 하고 고객의 시선을 유도하는 '주인공 메이커'다.

벽면을 부드럽게 감싸는 간접 조명은 공간을 넓어 보이게 만들고, 스포트라이트는 특정 제품이나 공간에 집중을 유도한다. 갤러리처럼 스포트라이트 조명을 사용하면, 매장 안의 신상품은 하나의 작품처럼 돋보이게 된다.

피팅룸의 조명은 특히 중요하다. 따뜻한 톤의 간접 조명이 고객의 피부를 화사하게 해주며, 그 순간 주인공으로 만든다. '이 옷은 정말 나에게 어울린다'라는 생각은 조명 하나가 불러오는 작은 마법과도 같다. 이는 곧 긍정적인 구매 경험으로 이어진다.

사무실을 떠올려 보자. 차갑고 푸르스름한 형광등 아래에서 오래 앉아 있으면 어딘가 삭막하고 피로해지지 않는가? 하지만 은은한 자연광과 비슷한 조명이 공간을 채우면 다르다. 마치 창문을 통해 들어오는 아침 햇살처럼, 차분하면서도 생기 있는 분위기를 만들어 준다. 이런 조명 아래에서는 눈도 덜 피로하고, 집중력은 배가된다.

업무 공간에는 밝고 깨끗한 조명을 배치해 집중력을 높이고, 휴게실이나 회의실에는 조금 더 따뜻한 조명을 사용하면 직원들이 긴장을 풀고 새로운 아이디어를 떠올리기 좋다. 바쁜 하루 속에서도 잠깐의 여유를 주는 조명, 이것이 바로 조명의 힘이다.

기업의 정체성을 녹여내는 조명은 회사를 더 돋보이게 한다. 혁신적이고 미래 지향적인 IT 기업이라면 화이트와 블루 톤의 디지털 느낌을 담은 조명으로 미래의 이미지를 심어줄 수 있다. 반면, 신뢰를 중시하는 금융 회사라면 부드럽고 안정감 있는 노란빛이 고객들에게 편안함과 신뢰감을 줄 것이다.

조명은 단지 밝음과 어둠을 조절하는 장치가 아니다. 그것은 공간을 입체적으로 만들고, 감정을 불러일으키며, 브랜드의 이야기를 전달하는 중요한 언어다. 조명이 잘 설계된 공간 안에서, 사람들은 무의식적으로 '빛이 그린 풍경'을 감상하게 된다.

공간을 디자인할 때, 조명은 가장 섬세하면서도 강력한 도구가 될 것이다. 그것은 빛으로 감정을 디자인하는 마법이니까.

〈더 웨더 프로젝트〉

2003년, 런던 테이트 모던 미술관의 터빈 홀Turbine Hall에 거대한

디자인이 곧 비즈니스다

태양이 떠올랐다. 하지만 그것은 자연의 태양이 아니었다. 조명과 안개, 반사된 이미지가 어우러져 만들어진 인공 태양. 올라퍼 엘리아슨Olafur Eliasson의 〈더 웨더 프로젝트The Weather Project〉는 조명이 공간의 메시지를 전달하고 사람들과 깊은 감정적 연결을 형성하는 데 얼마나 중요한 도구가 될 수 있는지 보여준다.

어두운 홀 안, 커다란 태양은 말없이 떠올라 공간을 압도한다. 반구형 조명 장치와 미세하게 퍼지는 안개는 태양의 빛을 더욱 부드럽고 몽환적으로 만든다. 사람들은 마치 실제 태양 아래에 서 있는 듯한 착각에 빠져든다. 엘리아슨의 작품은 관람객에게 이렇게 묻는다. "나는 지금 무엇을 느끼고 있는가?"

거대한 태양 아래에서 사람들은 서 있거나 앉아 있고, 일부는 바닥에 누워 조명과 하나가 된다. 이 순간, 일상의 시계는 멈춘 듯 고요하고, 공간은 오롯이 감각과 감정으로 채워진다. 어린 시절의 해질 녘을 떠올리는 이도 있고, 잠시 현실을 잊고 평온함에 젖어드는 이도 있다. 빛은 조명이 아닌 감정을 일깨우는 언어로 변해, 사람들에게 잠시 멈추어 스스로를 돌아보게 만든다.

〈더 웨더 프로젝트〉는 조명을 통해 자연과 인간, 그리고 자연이 주는 감탄과 평온함을 되찾게 하는 작품이다. 엘리아슨은 우리가 일상에서 무심코 지나치는 해와 빛의 소중함을 다시 생각하게 하고, 나아가 환경과 기후 변화에 대한 의식까지 일깨운다.

조명은 이렇게 우리의 감각을 일깨우고 메시지를 전달하는 중요한 매개체로도 작용한다.

〈더 웨더 프로젝트 The Weather Project〉 (런던, 영국)

빛의 교회

일본 오사카에 위치한 빛의 교회는 건축과 조명이 만나 어떻게 사람의 감정을 일깨울 수 있는지를 보여주는 타다오 안도 ^{Tadao Ando}의 대표작이다. 콘크리트 벽체의 절제된 직사각형 공간에 십자가

디자인이 곧 비즈니스다

형태로 난 틈을 통해 들어오는 빛이 모든 것을 말해준다. 이곳에서의 빛은 밝기가 아니라, 묵상과 성찰을 이끌어 내는 공간의 주인공이다.

공간에 들어서는 순간, 어둠을 뚫고 드러나는 빛의 십자가가 가장 먼저 시선을 사로잡는다. 차갑고 무거운 콘크리트와 대비되는 이 빛은 마치 신성함이 흘러들어 오는 듯한 느낌을 준다. 한 발짝 앞으로 나아가 이 빛 아래에 서면, 장식 없는 공간이 더욱 강렬하게 다가오며 빛의 신비로움과 경건함이 마음속 깊은 곳을 울린다.

빛과 어둠의 극적인 대비는 공간의 의미를 더욱 돋보이게 한다. 예배자들은 빛을 통해 경건함을 경험하며, 마음의 평온함을 느끼게 된다. 시간의 흐름에 따라 변하는 빛과 그림자는 마치 그들의 감정과 생각을 투영하듯 고요한 울림을 준다.

이 작품이 특별한 이유는 빛이 감정을 불러일으키는 도구로 사용되었다는 점이다. 빛과 건축이 하나가 되어 공간은 하나의 메시지를 전달하는 매개체가 된다.

비즈니스 공간에서도 이러한 조명 전략은 강력한 도구가 될 수 있다. 단순하면서도 대비를 극대화한 조명은 신뢰와 권위를 강조하며, 브랜드의 철학과 가치를 뚜렷하게 전달한다.

타다오 안도의 빛의 교회는 이렇게 말하는 듯하다.

"빛은 공간의 언어다. 그리고 그 언어는 감정을 일깨운다"

빛의 교회 (오사카, 일본)

디자인이 곧 비즈니스다

Chapter 3

그림자: 빛과 어둠의 대화

빛은 언제나 무대의 주인공이다. 공간을 환하게 밝히고, 분위기를 한껏 끌어올리며 사람들의 시선을 끌어당긴다. 하지만 주인공이 돋보이기 위해서는 묵묵히 곁을 지키는 조연이 필요하듯, 빛의 찬란함이 돋보이는 것은 바로 '그림자' 덕분이다. 그림자는 조용하지만 묵직한 존재로서 빛의 화려함에 리듬과 여백을 더하고, 공간에 숨결을 불어넣는다. 그림자가 없는 공간은 마치 맛없는 밋밋한 요리처럼, 심심하고 피곤하게 느껴질 뿐이다.

그림자는 빛이 쉬어가는 여백이다. 빛이 닿지 않는 그곳에서 이야기가 시작된다. 강렬한 한낮의 태양도, 나뭇잎 사이로 퍼지는 그림자 덕분에 한숨 돌리게 되고, 벤치 아래의 그늘은 누구나 쉬어가고 싶은 작은 쉼터로 변모한다. 만약 그림자가 없다면? 그저 눈부시기만 한 빛이 지칠 정도로 쏟아질 것이다.

현대 건축물의 외관에서 그림자의 역할은 두드러진다. 파사드를 감싸는 메탈 스크린이나 루버*는 강한 자연광을 막아주면서도 내부로 은은하게 빛을 들여온다. 동시에 건물 외벽에 드리워진 그림자는 건축물에 입체감을 부여하고, 도시 풍경에 독창적인 리듬을 만들어 낸다. 무심한 구조물에서, 살아 있는 예술로 다가오는 순간이다.

그림자는 감정의 무게를 더한다. 늦은 오후, 커튼 사이로 스며드는 빛과 그 아래 퍼지는 부드러운 그림자는 실내에 따뜻하고 고요한 그림자를 남긴다. 마치 느릿느릿 흐르는 클래식 음악처럼 공간 전체가 평온함에 젖어든다. 반면, 강렬하고 날카로운 그림자는 긴장감을 주고 집중을 높인다. 미술관을 떠올려 보자. 전시된 작품 뒤에 드리워진 깊고 짙은 그림자는 작품을 더욱 돋보이게 하며 관람객의 시선을 고정시킨다.

상업 공간에서도 그림자는 강력한 도구다. 매장 입구에 브랜드 로고가 그림자로 드리워진다면 어떨까? 고객은 그 순간부터 브랜드의 섬세한 감각을 경험하게 된다. 시각적 정보를 넘어 입구 공간 자체가 만들어 내는 감성적 인상이다.

시간이 흐름에 따라, 그림자는 끊임없이 움직이며 공간을 변화시킨다. 호텔이나 카페의 유리 천장에 정교한 메탈 패턴이나 격자

---

* 루버(louver): 건축물 외벽이나 내부에 설치하는 가늘고 긴 차양 장치. 일정한 간격으로 배치되어 강한 햇빛은 차단하면서 은은하게 빛을 들여오는 역할을 한다. 주로 금속이나 목재로 제작되며, 디자인에서도 독특한 리듬감을 부여한다.

디자인이 곧 비즈니스다

무늬 스크린을 설치하면, 자연광이 통과하면서 벽과 바닥에 움직이는 그림자가 드리워진다. 시간에 따라 그림자의 형태와 방향은 끊임없이 변화하며, 공간은 마치 한 폭의 움직이는 풍경화처럼 살아난다. 나무 잎사귀의 그림자는 바람결에 맞춰 흔들리며 벽면에 생기 있는 그림을 그리고, 격자무늬 스크린의 그림자는 규칙적인 패턴을 만들어 공간에 리듬감을 더한다.

빛과 그림자는 언제나 함께 움직인다. 빛을 디자인할 때 그림자까지 고려한다면 공간은 비로소 숨을 쉬기 시작한다. 어쩌면 아무도 신경 쓰지 않는 것처럼 보이지만, 그림자는 그 공간의 진짜 이야기를 들려준다. 마치 글의 여백이 의미를 채우듯, 그림자는 빛의 틈새를 통해 공간에 감정을 불어넣는다.

그림자를 제대로 활용할 때, 비즈니스 공간은 경험과 메시지를 담아내는 무대가 된다. 그 공간에 머무는 사람들은 빛과 그림자가 함께 만들어 내는 풍경 속에서 자연스럽게 감동을 느끼고, 그 공간의 이야기를 오래도록 기억하게 된다.

루브르 아부다비

빛과 그림자는 공간에서 늘 함께 춤을 춘다. 그중에서도 루브르 아부다비Louvre Abu Dhabi는 이 둘이 어떻게 조화를 이루며 감동을 만들어 내는지를 극적으로 보여주는 장소다. 프랑스 건축가 장 누벨 Jean Nouvel은 아랍의 전통 건축과 현대적 디자인을 결합해, 빛과 그림자가 어우러지는 공간을 탄생시켰다.

루브르 아부다비의 가장 큰 상징은 직경 180미터의 거대한 돔이다. 멀리서 보면 마치 하늘에 떠 있는 듯 가볍게 보이지만, 가까이 다가가면 이 돔이 얼마나 정교한지 한눈에 들어온다. 7,850개의 격자 패턴이 얽힌 돔은 태양빛을 걸러내며 '빛의 비'라는 현상을 만들어 낸다.

이 빛은 마치 나뭇잎 사이로 스며드는 햇살처럼 돔 아래로 쏟아져 내린다. 돔 아래에 서면 커다란 나무 그늘 아래 앉아 하늘과 자연을 함께 바라보는 것처럼 편안하다. 태양이 움직일 때마다 빛과 그림자는 끊임없이 변하면서 공간 전체에 살아 있는 리듬을 불어넣는다. 아침에는 부드럽고 은은한 빛이 돔 아래를 감싸며 고요함을 선사하고, 정오에는 강렬한 햇빛이 대비를 극대화하며 공간에 에너지를 더한다. 저녁 무렵, 그림자는 길게 늘어지고 빛은 부드럽게 퍼져나가며 공간은 마치 명상적인 성소처럼 변한다.

여기서 시간의 흐름은 눈에 보이지 않는 것이 아니라, 빛과 그림자의 변화로 공간에 새겨진다. 돔 아래에 서 있는 순간, 사람들은 마치 태양의 리듬에 맞춰 숨을 쉬는 듯한 기분을 느끼게 된다.

돔 아래를 더욱 특별하게 만드는 것은 바로 물이다. 돔에서 떨어지는 빛이 물 위에 반사되며, 공간은 또 다른 차원의 풍경으로 확장된다. 수면 위로 반짝이는 빛과 물결이 어우러지면, 마치 시간과 공간이 느려지는 듯한 고요한 감각이 흐른다. 장 누벨은 공간을 설계하며 이런 질문을 던진 것 같다.

"이곳에 서 있는 사람들이 무엇을 느끼게 될까?"

그 답이 바로 돔 아래에서 경험하는 감정적 연결이다. 눈부신 빛, 부드러운 그림자, 그리고 물에 반사되는 빛의 춤은 감각적이면서도 서정적인 순간을 만들어 낸다. 이 공간에 서 있으면 마치 빛과 그림자가 대화하는 소리를 듣는 듯하다. 이처럼 빛과 그림자를 의도적으로 디자인하면 '기억에 남을 경험의 무대'로 재탄생한다.

루브르 아부다비 Louvre Abu Dhabi (아부다비, 아랍에미리트)

Chapter 4

텍스처: 손끝에서 느끼는 공간

우리는 공간을 눈으로만 경험한다고 생각하기 쉽다. 하지만 공간은 우리 몸의 모든 감각과 소통한다. 공기의 온도, 발바닥이 느끼는 바닥의 질감, 손끝에 스치는 표면의 촉감까지, 사람들은 이렇게 공간을 '느끼며' 기억한다. 눈으로 보는 풍경도 중요하지만, 진짜 경험은 손끝에서 시작된다. 그리고 그 손끝이 닿는 질감, 즉 텍스처가 바로 공간의 깊이와 브랜드의 감성을 전달하는 직관적이고 본능적인 언어다.

사람이 공간에 들어서면 가장 먼저 느끼는 건 공기와 색채, 그리고 빛의 흐름이다. 그 다음엔? 손끝에 닿는 재질이 공간의 분위기를 결정한다.

부드럽게 가공된 나무 테이블을 만졌을 때의 따스함, 차가운 금속 손잡이의 단단함, 거친 콘크리트 벽에 닿을 때의 투박함. 이 촉감들은 마치 공간이 손끝으로 "저는 이런 곳입니다"라고 자신을 소개하는 첫인사와 같다.

매장에 들어선 순간, 고객은 텍스처를 통해 브랜드의 이야기를 직감적으로 느낀다. 고급 의류 매장에서 만나는 부드러운 벨벳 소파와 내추럴한 나무 바닥은 브랜드의 우아하면서도 따뜻한 품격을 전하고, 대리석 바닥의 매끄럽고 단단한 질감은 고급스러우면서도 세련된 분위기를 완성한다. 반면, 실험적이고 독특한 매장에서의 거친 콘크리트 바닥과 노출된 철제 선반은 대담하고 혁신적인 브랜드 정체성을 드러낸다.

텍스처는 여기서 그치지 않는다. 피팅룸의 벽지나 문손잡이, 옷걸이처럼 작지만 세심한 디테일도 중요하다. 고객이 옷걸이를 잡는 순간, 그 촉감은 브랜드의 감각과 세심함을 말해준다. 마치 브랜드가 손끝으로 "우리는 이런 가치를 추구합니다"라고 속삭이는 것처럼.

사무실은 직원들이 하루 중 대부분을 보내는 곳이다. 그만큼 텍스처는 업무 분위기와 효율에 큰 영향을 미친다. 자연스러운 나무 재질의 책상은 따뜻하고 안정된 분위기를 만들어 준다. 나무의 결을 따라 흐르는 손끝의 감촉은 정서적 편안함을 주어 스트레스를 줄이는 효과를 낸다.

반면, 금속과 유리로 마감된 공간은 깨끗하고 모던한 이미지를 강조하며 집중력을 높인다. 금속의 차가운 느낌은 날카롭고 명확한 느낌을, 유리의 매끄러움은 투명하고 명확한 비즈니스의 태도를 전달한다. 하지만 지나치게 차가운 소재만 사용하면 삭막함이 느껴질 수 있다. 이럴 때 텍스처의 대비를 활용하면 공간이 더 풍부해진다. 예를 들어, 회의실 바닥에 깔린 부드러운 카펫은 집중이 필요한 상황에서도 편안함을 유지시켜 준다.

대비되는 텍스처를 활용하면 공간은 단조로움을 벗어나 한층 더 입체적이고 깊이 있는 풍경을 만들어 낸다. 예를 들어, 벽면에서 매끄러운 유리와 거친 시멘트 텍스처를 함께 사용하거나, 부드러운 가죽 패널과 거친 벽돌을 배치하거나, 목재와 노출 콘크리트를 결합하면 공간에 시각적, 촉각적 대비가 생기면서 깊이감과 입체감이 더해진다. 사무실의 회의실이나 휴게실에 이런 텍스처 대비를 활용하면, 창의적인 아이디어가 떠오를 수 있는 활기찬 환경을 만들 수 있다. 이러한 텍스처의 차별화는 사람들에게 특별한 경험을 남긴다.

같은 컬러 톤 내에서도 다양한 텍스처를 사용하면 정제되면서도 깊이감 있는 공간을 만들 수 있다. 전반적으로 화이트 톤을 유지하면서도 매트한 페인트 벽과 광택 있는 세라믹 타일을 조화롭게 배치하면 공간에 다채로운 질감이 더해진다. 또한, 화이트 톤 안에서도 부드러운 가죽 소파와 톡톡한 패브릭 쿠션, 모가 긴 질감 있는 러그, 그리고 나뭇결이 살아 있는 동일한 톤의 테이블을 함께 배치하면, 레이어링layering을 통해 정제된 분위기 속에서도 깊이 있고 아늑한 분위기를 연출할 수 있다.

촉감은 머리가 아닌 몸이 먼저 기억하는 경험이다. 한겨울에 차가운 손잡이를 잡아본 적이 있는가? 그 냉기가 공간의 정체성을 말해주는 순간이다. 오래된 서점의 책장에 손을 올렸을 때 전해지는 바랜 종이의 까슬거림도 공간의 성격을 말해준다. 산속 오두막을 방문했을 때, 발끝에서 느껴지는 거친 바닥이 오래된 나무 냄새와 함께 추억 속으로 데려가기도 한다. 매장 입구에서 자연적인 돌들을 밟고 여린 수풀을 스치며 들어가는 신선한 촉감은 그 공간을 더 특별하게 기억하게 한다. 이 작은 경험들이 모여 공간을 이야기로 만든다.

텍스처는 공간의 감성을 손끝에 새기는 언어다. 손끝에 닿는 그 촉감 하나하나는 브랜드의 철학과 가치를 자연스럽게 전달하며, 공간에 머무는 사람들의 경험을 더 특별하게 만든다. 그들이 만지고 느끼는 순간, 공간은 그 자체로 브랜드의 메시지를 전하며 감정적인 연결을 만들어 낸다. 고객은 손끝으로 브랜드를 느끼고, 직원은 안정감 속에서 더 나은 성과를 내게 된다.

그러니 비즈니스 공간을 디자인할 때, 눈을 감고 손끝으로 그 공간을 느껴보라. 그 촉감이 바로 사람들의 기억에 남을 공간의 언어가 될 테니까.

〈집 속의 집〉

서도호의 작품은 공간을 눈으로만 감상하는 대상이 아니라, 피부로 느끼고 기억 속으로 연결되는 체험의 공간이 될 수 있음을 보여준다. 그의 대표작 〈집 속의 집〉 시리즈는 천의 반투명한 소재를 사용하여 과거 자신이 거주했던 집을 실물 크기로 재현한 설치미술이다. 이 작품은 모형에 머무르지 않고, 관람객이 실제로 그 안을 걸으며 경험할 수 있는 공간으로서, 사람들에게 기억과 정체성, 그리고 시간의 층을 촉각적으로 전달한다.

서도호는 왜 이 천을 사용했을까? 천은 부드럽고, 가볍고, 유연하며, 동시에 보호받고 있다는 느낌을 준다. 관람객은 이 천으로 만든 집 안을 걸으며 벽을 손끝으로 느낀다. 외부가 희미하게 보이는 반투명함을 통해 집이라는 공간이 가진 기억의 필터를 체감한다. 이는 집이라는 친숙한 공간이 주는 따스함과 동시에 경계가 허물어진 열린 감각을 느끼게 한다.

특히, 〈집 속의 집〉에서 가장 인상적인 점은 유러피언 건축물 내부에 한국 전통 기와집이 자리하고 있다는 점이다. 서양식 건축물의 단단하고 규칙적인 외형 속에 한국 전통 건축의 부드럽고 유연한 곡선이 스며들어 있다. 관람객은 이 두 건축 스타일의 조화와 대비를 통해 과거와 현재, 동양과 서양, 고정된 구조와 유동적인 감각 사이를 오가며 기억과 정체성에 대한 깊은 사유를 경험한다.

〈집 속의 집〉은 텍스처와 촉각이 감정을 전달하고 기억을 불러일으키는 중요한 매개체임을 보여준다. 얇고 투명한 천은 관람객으로 하여금 '보호되고, 동시에 열려 있는' 감각을 느끼게 한다. 반투명 소재가 외부와 내부를 겹치게 하며, 관람객에게는 과거와 현재가 겹쳐지고, 공간과 감정이 만나는 무대가 된다.

비즈니스 공간에서 텍스처를 적극적으로 활용한다면, 고객은 브랜드와 더 깊이 연결될 수 있다. 브랜드 매장에 일반적인 벽 대신, 브랜드의 의미를 담아 제작된 천이나, 독특한 질감이 느껴지는 재료를 사용하면, 고객은 브랜드 이야기를 텍스처를 통해 체험하게 된다. 이처럼 고객은 공간을 스쳐 지나가는 존재가 아닌, 공간을 경험하고 반응하는 참여자로 바뀌게 된다. 또한, 과거의 헤리티지를 상징하는 텍스처를 현대적 마감재와 조화롭게 구성하면, 브랜드는 보다 특별한 정체성과 감성적 깊이를 전달할 수 있다.

그저 스쳐 지나가는 공간이 아니라, 감각적으로, 사유적으로 머물고 싶은 공간. 이것이 서도호의 작품이 주는 메시지이자, 비즈니스 공간 디자인이 지향해야 할 목표가 아닐까?

〈집 속의 집〉 (서울, 한국)

데 영 뮤지엄

샌프란시스코 골든 게이트 파크에 위치한 데 영 뮤지엄de Young Museum은 처음 마주할 때부터 사람들의 감각을 자극하며 독특한 인상을 남긴다.

데 영 뮤지엄에서 가장 눈에 띄는 요소는 외관을 감싸고 있는 녹슨 금속 파사드다. 이 파사드는 산화구리로 제작되어 시간이 지남에 따라 자연적으로 변화하는 고유의 텍스처를 간직한다. 구리는 자연적으로 산화 과정을 거치며 고유의 붉은 갈색에서 녹청색으로 변하는데, 이는 시간이 지남에 따라 더욱 풍부하고 깊은 텍스처를 만들어 낸다. 비와 바람, 햇빛과 같은 자연 요소가 금속 표면에 닿을 때마다 구리는 끊임없이 변화하며, 이로 인해 건물은 매 순간 새로운 모습을 보여준다.

금속의 차가운 특성은 따뜻한 흙빛의 갈색 톤으로 완화되어 골든 게이트 파크의 자연환경과 조화롭게 어우러진다. 녹슨 구리의 질감과 색조는 주변 나무와 잔디의 색과 어우러지며 마치 자연의 일부처럼 보인다. 구리 표면의 시간에 따른 변화는 나무가 계절에 따라 변하는 모습과 닮아 있다. 이는 건물 자체가 환경의 영향을 받아 성장하고 진화하는 유기체처럼 느껴지게 한다.

디자인의 정교함은 파사드에 적용된 천공으로 이어진다. 자연의 캐노피를 모방한 구리 표면에 뚫린 작은 구멍들은 빛이 내부로 자연스럽게 스며들도록 하며, 공간에 유동적이고 부드러운 리듬을 더한다. 낮에는 태양빛이 천공을 통해 뮤지엄 내부로 쏟아져 들어와 벽과 바닥에 움직이는 빛의 패턴을 만든다.

데 영 뮤지엄이 보여준 텍스처와 촉각적 경험의 조화는 비즈니스 공간 디자인에도 영감을 준다. 데 영 뮤지엄의 산화구리처럼, 시간이 지나며 자연스럽게 변화하는 자재를 활용해 공간에 '시간의 흔적'을 담아낼 수 있다. 전통적인 자재, 오래된 가구, 자연석, 또는 수공예적인 요소를 가미한다면, 고객은 브랜드가 전통과 역사를 존중하며 이를 통해 진정성을 전달하고 있음을 느낄 수 있다. 이러한 디자인은 브랜드와 고객 사이에 보다 깊고 감성적인 연결을 형성할 수 있다.

데 영 뮤지엄은 텍스처와 촉각적 경험이 사람과 공간 사이의 연결을 얼마나 깊고 의미 있게 만들 수 있는지 보여준다. 녹슨 구리의 텍스처는 시간이 지남에 따라 변화하며, 사람들에게 '공간이 들려주는 시간'을 이야기한다. 당신의 공간에도 이러한 촉각적 메시지와 시간의 흔적을 담아보는 건 어떨까?

데 영 뮤지엄 de Young Museum (샌프란시스코, 미국)

아만기리 리조트

미국 유타의 광활한 사막 한가운데, 마치 사막 속 오아시스처럼 자리 잡은 아만기리 리조트Amangiri Resort는 텍스처와 촉각적 경험을 통해 자연과 사람을 연결하는 특별한 공간이다. 주변 환경과 조화롭게 어우러지는 이 리조트는 건축과 인테리어 디자인의 경계를 넘어, 공간이 어떻게 자연과 하나가 될 수 있는지를 잘 보여준다.

아만기리 리조트의 외벽은 사막의 거친 암석과 비슷한 질감을 가진 거친 콘크리트로 마감되어 있다. 이 벽은 시각적으로만 사막을 떠올리게 하는 것이 아니라, 손끝으로 느낄 때도 사막의 황량함과

디자인이 곧 비즈니스다

웅장함을 고스란히 전한다. 벽을 손으로 스쳤을 때 느껴지는 거칠고 단단한 촉감은, 이곳이 사막 한가운데 있다는 사실을 감각적으로 깨닫게 한다. 금방이라도 모래바람이 불어올 것 같은 풍경 속에서, 이 벽은 자연과 어우러지며 첫인상을 남긴다.

리조트 내부로 들어서면 분위기는 부드럽고 따뜻하게 변한다. 객실과 공용 공간 곳곳에서 느껴지는 천연 목재와 석재의 질감은 노출 콘크리트와 어우러져 차분하고 안정된 느낌을 준다. 특히 목재로 제작된 가구는 자연 그대로의 결을 살려 공간에 따스함을 더하며, 매끄럽게 다듬어진 돌바닥은 발끝에서 자연을 느끼게 한다. 스파 공간은 거친 대형 암석 벽을 그대로 노출시켜 마치 사막의 침묵 속에서 거대한 자연의 힘과 마주하는 듯한 웅장함과 신비로움을 만들어 낸다.

아만기리 리조트는 텍스처와 촉각적 경험을 통해 사람들이 자연 속에 완전히 몰입하도록 만든다. 매끄럽고 현대적인 요소를 과감히 배제하고, 사막의 거칠고 원초적인 텍스처를 살림으로써 공간은 방문객으로 하여금 사막과 하나가 된 듯한 깊은 감정을 느끼게 한다. 이곳에서는 텍스처와 촉각이 사람과 자연, 그리고 공간을 연결하는 다리가 된다. 손끝으로 느끼고 발끝으로 경험하며 마음속에 오래도록 남는 공간. 기억 속에 자연과 함께 살아 숨 쉬는 이야기를 남긴다.

사막 한가운데 있는 당신만의 오아시스를 꿈꿔본다면, 당신의 오아시스에는 어떤 텍스처가 담기길 바라는가?

아만기리 리조트 Amangiri Resort (유타, 미국)

디자인이 곧 비즈니스다

Chapter 5

재질의 온도: 차가움과 따뜻함

공간을 디자인할 때, 우리는 종종 눈에 보이는 것에 집중한다. 하지만 정말 기억에 남는 공간은 몸으로 느끼는 경험이다. 그중에서도 재질의 온도는 사용자가 공간을 몸으로 경험하는 직접적인 요소 중 하나다. 손이 닿는 책상의 표면, 앉는 의자의 감촉, 그리고 발이 스치는 바닥의 온도까지, 이 모든 것은 사용자의 무의식적인 감각에 깊이 스며든다.

재질의 온도는 물리적 온도 이상의 의미를 담고 있다. 특정 재질이 주는 차가움과 따뜻함은 공간의 분위기와 사용자의 감정 상태에 큰 영향을 미친다. 예를 들어, 대리석 테이블에 손을 올렸을 때 느껴지는 차가움은 세련되고 고급스러운 느낌을 주지만, 장시간 사용에는 약간의 거리감을 느낄 수 있다. 반대로, 나무 표면의 따뜻함은 사용자를 편안하게 하고 친근감을 불러일으킨다. 이는 우리가 그 재질과 상호작용 하며 만들어 낸 심리적 연상에서 비롯된다. 손을 올리는 순간, 마치 공간이 사용자에게 다가와 속삭이는 듯한 감각을 전하는 것이다.

의자에 앉는 경험도 마찬가지다. 차갑고 단단한 금속 의자에 처음 앉았을 때 엉덩이로 느껴지는 싸늘함은 순간적으로 거리감을 느끼게 한다. 이는 사용자에게 '여기는 오래 머무를 곳이 아니다'라는 무언의 신호가 될 수 있다. 반면, 패브릭이나 가죽처럼 따뜻하고 부드러운 재질은 사용자를 포근하게 감싸며, 공간과의 친밀감을 높인다. 이는 의자의 역할을 넘어, 사용자가 공간에 머무는 방식에 변화를 주는 요소다.

사무실에서도 재질의 온도는 중요한 역할을 한다. 직원들이 하루 중 가장 오랜 시간을 보내는 책상과 의자, 그리고 바닥의 재질은 그들의 생산성과 심리적 안정감에 영향을 미친다. 금속으로 제작된 차가운 테이블은 현대적이고 깔끔한 이미지를 전달하지만, 오랜 회의가 이어지면 손목을 떼고 싶을 만큼 불편함을 줄 수 있다. 유리 테이블은 세련된 느낌을 주지만, 차가운 온도와 더불어 앉은 사람의 하체가 그대로 노출되어 사용자를 다소 불편하게 할 수 있다.

만약, 우드 회의 테이블의 손이 닿는 부분에 부드러운 가죽을 매립하는 디테일이 더해진다면 어떨까? 고급스러운 느낌을 주는 동시에, 손끝에서 느껴지는 부드러운 촉감이 심리적 안정감을 더하고, 사용자가 회의에 더욱 몰입할 수 있도록 도울 것이다. 이렇

디자인이 곧 비즈니스다

듯 각 재질이 가진 성질과 장단점, 그리고 사용자가 실제로 어떻게 느낄지를 미리 섬세하게 파악하는 것은 디자이너에게 중요한 감각들 중 하나다.

재질의 온도를 고려하는 것은 사용자 경험을 창조하는 과정이다. 우리가 어떤 재질을 선택하는지에 따라 공간은 따뜻한 손길로 사용자를 감싸기도 하고, 차갑게 밀어내기도 한다. 대리석과 목재, 유리와 패브릭, 금속과 가죽 등 각 재질은 그 온도가 전달하는 메시지를 통해 공간의 성격을 정의한다.

재질의 온도까지 고려하는 디자이너의 고민은 결국 사용자의 삶을 디자인하는 과정이다. 공간을 사용하는 사람의 손과 몸이 닿는 모든 순간을 상상하며, 우리는 이 질문을 던져야 한다.

"이 재질은 이 공간에서 어떤 이야기를 전달할까?"

"그리고 이 재질의 온도는 사용자가 이 공간을 어떻게 느끼게 할까?"

디자인은 사람과 공간의 대화를 창조하는 일이다. 그리고 재질의 온도는 그 대화의 인사와도 같다. 지금 이 순간, 당신이 앉아 있는 의자와 책을 읽으며 손끝으로 스치는 책상의 표면이 전해주는 그 미묘한 감각은, 공간이 당신을 어떻게 대하는지 말해준다. 그것이 바로 재질의 온도가 공간과 감정을 연결하는 비밀이다.

아이스 호텔

스웨덴 유카스야르비에 있는 아이스 호텔Ice Hotel에 들어서는 순간, 마치 동화 속 얼음 궁전에 초대된 듯한 기분이 든다. 벽부터 침대까지, 심지어 잔까지도 모두 얼음으로 만들어진 이 호텔은 차가운 재질이 주는 감각을 극대화하며 완전히 새로운 세계를 경험하게 한다. 대리석이나 금속과는 전혀 다른 차원의 '차가움'을 제안한다. 더 놀라운 점은, 이 호텔이 매년 새롭게 지어진다는 것이다. 같은 장소, 같은 재료이지만, 매년 완전히 다른 작품이 탄생한다. 방문할 때마다 차가움이라는 감각이 전혀 다른 모습으로 재해석되는 경험을 하게 되는 것이다.

얼음으로 조각된 벽은 마치 빛을 흡수하여 은은하게 내뿜는 것처럼 보인다. 햇살이 얼음 표면을 통해 반사되고 산란되면서 호텔 전체가 마치 겨울 속에서 빛나는 유리 궁전 같다.

침대 역시 얼음으로 만들어졌지만, 그 위에 깔린 순록 가죽과 따뜻한 침낭이 조화를 이룬다. 얼음이 주는 싸늘한 감각과 가죽의 부드럽고 따뜻한 질감이 묘하게 어우러진다. 침낭에 몸을 담그고 얼음 침대 위에 누우면, 한겨울에 이불 속으로 들어가는 것 같은 아늑함을 느낄 수 있다. 차가운 얼음 위에 누워도 이렇게 따뜻할 수 있다니, 이곳은 그 자체로 하나의 역설적인 경험이다.

아이스 바는 호텔의 또 다른 즐거움이다. 얼음으로 만들어진 컵에 담긴 칵테일을 한 모금 마시면, 시원함이 입술 끝에서 손끝까지 퍼

디자인이 곧 비즈니스다

진다. 얼음 컵을 손에 들고 음료를 마시는 그 순간, 칵테일을 마시는 것이 아니라 얼음과 직접 교감하는 기분이다. "차갑지 않으냐"는 질문은 이곳에서는 오히려 웃음거리다. 바로 그 '차가움'이야말로 이 호텔을 특별하게 만드는 매력이니까.

아이스 호텔은 얼음이라는 소재를 통해 사람들에게 차가움 속에서 따뜻함을 발견하는 기회를 준다. 얼음이라는 재질이 차가움만을 상징한다고 생각했다면 이곳에서 깨닫게 될 것이다. 차가움 속에서도 따뜻함을 느낄 수 있다는 것을.

아이스 호텔 Ice Hotel (유카스야르비, 스웨덴)

Chapter 6

투명함과 반사: 빛과 물질의 대화

재질의 투명도와 반사도는 공간이 전달하는 분위기를 결정짓는 중요한 요소다. 이 두 가지는 빛과 만나면서 공간에 시각적 깊이와 감정적인 여운을 더한다. 물리적인 경계를 넘어, 감각적인 경험의 장으로 확장시킨다. 투명도와 반사도를 효과적으로 활용하면, 우리는 공간에서 느끼는 개방감, 친밀감, 웅장함 같은 다양한 감정을 디자인적으로 전달할 수 있다.

투명한 재질은 공간의 숨을 틔운다. 유리는 공간을 연결하고 확장하는 매개체다. 벽의 일부를 유리로 설계하면 공간이 가벼워 보이면서도 분리되지 않은 느낌을 준다. 이는 옆 공간과 자연스럽게 이어지는 분위기를 형성하며, 자연광을 공간 안으로 들인다. 모더니즘 건축의 대표 작품인 미스 반 데어 로에Mies van der Rohe의 판스워스 하우스Farnsworth House는 사면이 유리로 둘러싸여 내부와 외

디자인이 곧 비즈니스다

부의 경계를 허물었다. 자연은 그 자체로 집의 일부가 되었다. 이처럼 벽의 일부를 유리로 설계했을 때 공간은 물리적으로는 분리되어 있지만, 시각적으로는 이어져 있는 느낌을 준다.

유리블록은 얇은 유리와는 또 다른 매력이 있다. 유리블록은 빛이 투과하면서도 부드럽게 굴절되어, 투명 유리와는 다른 깊이 있는 빛의 움직임을 만들어 낸다.

반투명 재질은 투명과 불투명 사이에서 절묘한 균형을 잡아낸다. 에칭된 유리나 반투명 폴리카보네이트와 같은 재료는 빛을 은은하게 흩뿌리며 시각적으로 부드러운 효과를 준다. 이러한 재료는 프라이버시를 유지하면서도 빛을 통과시켜 공간을 밝게 만든다. 반투명 유리 너머로 보이는 사람의 움직임은 스토리텔링의 한 장면처럼 다가온다. 초록 잎과 다채로운 꽃을 배경으로 한 반투명 에칭 유리는 마치 인상주의 그림처럼 몽환적이고 서정적인 분위기를 자아낸다.

또한, 대리석을 얇게 가공해 뒤에서 조명을 비췄을 때, 빛과 함께 드러나는 대리석의 자연적인 결은 마치 예술 작품처럼 공간에 극적인 깊이를 더한다.

반사성 재질은 공간에 새로운 차원을 더한다. 매끄럽게 연마된 금속, 대형 거울, 광택 있는 대리석은 빛을 활용해 공간을 시각적으로 확장하고 다채롭게 만든다. 공간 한쪽 벽에 거울을 배치하면 공간이 두 배로 확장되고, 좁은 계단실에 활용하면 공간이 넓어 보이면서 계단이 이어지는 듯한 착시를 만들어 낸다. 특정 물체를 반사시켜 물체의 연속성을 연출할 수도 있다. 천장에 적용했을 때는 천장고가 높아 보여 공간의 웅장함이 극대화된다. 공간 속 방해가 되는 기둥을 거울로 감싸면, 마치 기둥이 사라지며 주변 경관이 이어지는 착시를 만든다.

반사성 재질은 디테일한 요소에서도 빛을 발휘한다. 우리가 착용하는 반짝이는 금속 주얼리가 우리를 더 돋보이게 하듯, 금속 디테일은 공간을 더욱 빛나게 한다. 문손잡이의 광택, 소파 옆의 금속 플로어 램프, 라운지 의자의 금속 다리 같은 세부적인 디자인 요소는 매끄럽거나 매트한 표면으로 공간의 분위기를 바꾼다. 작은 요소 하나하나가 빛과 만나며 공간에 생기를 불어넣는다.

투명도와 반사도 이 두 가지 요소가 빛과 조화를 이루는 순간, 공간은 그 자체로 하나의 작품이 된다.

옵티컬 글라스 하우스

일본 히로시마에 위치한 옵티컬 글라스 하우스Optical Glass House는 도시의 혼잡함 속에서도 평온함을 추구하는 독창적인 공간이다. 이 집은 빛과 재질의 투명도가 공간의 감정을 어떻게 증폭시킬 수 있는지를 보여주는 대표적인 사례다.

이 집의 가장 두드러진 특징은 외부를 감싸는 유리블록으로 만들어진 독특한 벽이다. 약 6,000개의 고밀도 광학 유리블록이 사용

디자인이 곧 비즈니스다

된 이 벽은, 외부의 도시 소음을 효과적으로 차단하면서도 빛을 유려하게 받아들이는 역할을 한다. 유리블록 벽은 내부에서 외부를 볼 수 있도록 개방감을 제공하면서도, 외부에서는 내부가 보이지 않도록 설계되었다. 덕분에 도시 한가운데서도 외부 세계와 단절된 평온한 피난처를 제공한다.

낮 동안, 유리블록은 태양빛을 은은하게 내부로 들이며 따뜻하고 평화로운 분위기를 조성한다. 이 빛은 직접적이지 않다. 산란된 빛이 실내 곳곳으로 퍼지며 마치 공간을 감싸안는 듯한 느낌을 준다. 시간에 따라 변하는 빛의 강도와 각도는 유리 표면에 다양한 패턴과 그림자를 만들어 내며, 집 안과 밖의 경계를 흐릿하게 한다.

내부에 배치된 작은 정원과 물은 유리블록의 투명성과 반사성을 더욱 극대화한다. 물결에 따라 나뭇잎이 흔들리듯, 빛은 계속해서 공간 안을 움직인다. 이로 인해 이 집은 시간과 환경에 반응하는 생동감 있는 공간으로 느껴진다. 마치 빛과 공간이 함께 춤추는 것처럼 말이다. 작은 정원에서 흐르는 빛의 리듬은 거주자가 자연의 시간과 호흡을 하게 하고, 공간 속 삶이 마치 자연과 연결된 듯한 경험을 선사한다.

옵티컬 글라스 하우스의 유리블록은 그 자체로 공간을 살아 숨 쉬게 만드는 중요한 요소다. 이곳은 빛과 재질이 감정을 자극하고 기억을 형성하는 공간이다. 투명성과 반사성의 특징을 갖춘 이 단순한 재료가, 이렇게 풍부한 감정을 만들어 낼 수 있다는 사실이 놀랍지 않은가?

옵티컬 글라스 하우스 Optical Glass House (히로시마, 일본)

바이네케 고문서 도서관

예일 대학교의 바이네케 고문서 도서관Beinecke Rare Book & Manuscript Library은 고문서들을 위한 공간이지만, 그 이상의 이야기를 담고 있다. 이곳은 마치 시간을 초월한 신비로운 성소처럼 느껴진다. 얇

디자인이 곧 비즈니스다

게 가공된 대리석 벽을 통해 빛과 재질이 만들어 내는 경험은, 책을 보관하는 창고가 아니라, 감각과 감정이 깃드는 특별한 장소로 우리를 초대한다.

이 건물의 가장 큰 매력은 외벽을 구성하는 얇게 가공된 대리석이다. 멀리서 보면 대리석은 단단하고 견고해 보이지만, 가까이 다가가면 그 안에 숨겨진 이야기가 드러난다. 자연광이 벽 뒤에서 스며들어 내부로 퍼지며, 대리석 고유의 결이 마치 한 폭의 추상화처럼 빛난다. 눈앞에 펼쳐진 이 벽은 건축재료가 아닌, 빛과 자연의 예술적 조화다.

낮 동안 대리석 벽은 외부의 강렬한 햇빛을 부드럽게 걸러낸다. 빛은 직접적이지 않고, 은은하고 따스하게 실내를 감싸며 잔잔한 안정감을 준다. 햇빛이 지나가는 방향에 따라 대리석 벽에 새로운 패턴과 그림자가 나타나며, 마치 건물이 자연의 리듬에 맞춰 호흡하는 것처럼 느껴진다.

밤에는 이야기가 달라진다. 내부 조명이 켜지면, 대리석은 외부로 은은한 빛을 내뿜으며 건물을 거대한 랜턴처럼 바꾼다. 차가운 대리석이 따뜻하고 매혹적인 빛을 뿜어내는 장관을 연출한다.

고문서들은 자외선에 민감하기 때문에 강한 햇빛을 차단해야 한다. 대리석은 이 문제를 해결하면서도 내부에 자연광의 부드러움을 들인다. 실용성과 아름다움을 동시에 충족시키는 설계는 놀랍다. 빛을 막으면서도 공간을 빛으로 가득 채운다는 건, 말 그대로 역설을 구현한 셈이다.

도서관 내부로 들어가면, 은은하게 비치는 대리석 벽과 부드럽게 스며든 빛이 거대한 캔버스를 이룬다. 공간은 고요하면서도 경건한 느낌을 준다. 그곳에서 책을 읽는 순간은 독서 이상의 경험이다. 과거와 현재, 그리고 자연과 공간이 어우러진 신비로운 연결을 느낄 수 있다.

바이네케 고문서 도서관은 대리석이라는 전통적인 재료가 현대적인 감각으로 재탄생할 수 있음을 보여준다. 투명성과 불투명성의 절묘한 균형을 통해, 이 건물은 고문서를 보호하면서도 자연의 빛과 소통하는 아름다운 공간으로 거듭났다. 이는 건축물이 구조적 목적을 넘어, 사용자와 감정적으로 연결될 수 있음을 잘 보여주는 사례다.

이곳은 '빛이 스며드는 시간의 성소'다. 얇게 가공된 대리석 벽에 새겨진 빛의 패턴처럼, 공간은 사용자에게 잊히지 않을 경험과 감정을 새긴다.

예일 대학교 바이네케 고문서 도서관 Beinecke Rare Book & Manuscript Library (코네티컷, 미국)

디자인이 곧 비즈니스다

〈클라우드 게이트〉

재질의 반사도는 공간을 넓어 보이게 만드는 데 그치지 않는다. 사람과 공간, 그리고 환경 간의 관계를 새롭게 정의하며 감정적인 경험을 창출할 수 있는 매개체다. 이러한 가능성을 극대화한 사례가 바로 시카고 밀레니엄 파크에 자리 잡은 아니쉬 카푸어Anish Kapoor의 작품, 〈클라우드 게이트Cloud Gate〉다. 애칭명인 '빈Bean', 콩이라 불리는 이 작품은 반사를 통해 끊임없이 변화하는 경험을 선사하는 살아 있는 작품이다.

〈클라우드 게이트〉는 매끄러운 거울 같은 표면을 가진 곡면 구조물이다. 스테인리스 스틸 패널 168개를 완벽히 연결해 높이 10미터, 폭 20미터에 이르는 거대한 형태를 만들었다. 이 구조물은 주변의 모든 것을 왜곡된 형태로 반사한다. 도시의 스카이라인, 파란 하늘, 그리고 방문객 자신까지도 작품 안에 담기며, 마치 유동적인 그림 속에 들어가 있는 듯한 느낌을 준다.

특히 곡면 반사가 만들어 내는 효과는 유리창이나 평면거울과는 완전히 다르다. 곡선의 표면은 빛과 이미지를 굴절시키고 뒤틀어 익숙한 풍경을 새롭고 낯설게 만든다. 스카이라인은 마치 흘러내리거나 춤을 추는 듯 보이고, 하늘은 한 점으로 모였다가 끝없이 퍼진다. 방문객들은 왜곡된 자신의 모습을 보며 자신과 공간에 대한 새로운 인식을 일깨운다.

〈클라우드 게이트〉는 시간과 날씨에 따라 끊임없이 변화한다. 맑은 날에는 하늘의 푸른빛과 도시의 실루엣이 선명하게 반사되고, 구름이 많은 날에는 흐릿한 하늘의 움직임이 표면 위를 유영한다. 밤이 되면 도시의 불빛이 작품에 반사되며 클라우드 게이트는 스스로 빛을 발하는 듯한 모습으로 변신한다. 이는 고정된 예술 작품이 아닌, 살아 숨 쉬며 끊임없이 환경과 소통하는 작품으로서의 면모를 보여준다.

〈클라우드 게이트〉 주위는 항상 웃음소리와 카메라 셔터 소리로 가득하다. 사람들은 자신의 왜곡된 이미지를 찍으며 즐거워하고, 친구와 가족들과 함께 작품 아래에 모여 반사된 모습을 감상한다. 이 경험은 공간이 사람들 간의 교감을 만들어 내는 강렬한 매개체가 될 수 있음을 보여준다.

오늘날 사람들은 거울에 비친 멋진 배경으로 셀카를 찍고, 소셜미디어에 공유하며 새로운 즐거움을 찾는다. 이를 매장이나 팝업 공간에 응용해 보는 것은 어떨까? 평면거울 대신, 왜곡된 반사 재질이나 입체적인 패턴의 메탈 소재, 혹은 빛과 그림자가 흐르는 요소를 활용하면 공간에 생동감이 더해진다. 여기에 컬러나 그래픽, 네온사인, 디지털 효과, 자연 요소를 결합하여, 브랜드만의 정체성과 감각을 담은 반사 경험을 만들 수 있다.

반사는 단지 '나'를 비추는 것이 아니라, 그 안에 숨겨진 공간의 정체성과 분위기를 함께 담아낸다. 방문객들이 자신의 반사된 모습을 보고 웃으며 사진을 찍는 장면을 상상해 보라. 그것만으로도 공간은 활기를 띠고, 사람들은 공간에 대한 기억을 오래 간직할 것이다. 〈클라우드 게이트〉처럼, 당신의 공간에도 이러한 살아 있는 경험을 더해볼 수 있지 않을까?

〈클라우드 게이트 Cloud Gate〉(시카고, 미국)

Chapter 7

구조와 배치: 공간의 뼈대

공간은 우리의 삶을 담아내는 무대이자, 사람들이 무엇을 느끼고, 어떻게 행동하며, 어떤 경험을 하게 될지를 결정짓는 중요한 요소다.

높은 천장이 주는 웅장함은 사용자에게 압도적인 인상을 남기고, 그 아래에서의 감정은 공간과의 첫 만남을 깊고 강렬하게 만든다. 투명한 유리 벽을 통해 서로 맞물리듯 연결된 공간은 시각적인 개방감을 제공하며, 한 공간에 머물면서도 다른 공간과 연결되어 있다는 심리적 확장을 이끌어 낸다. 뒤틀린 벽은 사람들의 걸음을 자연스럽게 이끌고, 그 길을 따라가며 마주치는 작은 풍경들은 마치 공간 속을 탐험하듯 느껴지며 발견의 즐거움을 더해준다. 이러한 구조적 접근은 공간에 발을 들인 순간부터 사용자의 심리를 사로잡는다.

특히 매장 공간에서는 이러한 구조가 브랜드의 정체성과 직접 연결된다. 깔끔하고 신뢰감을 주는 이미지를 전달하려면 대칭적이고 정교한 구조와 배치가 효과적이다. 반대로 창의적이고 실험적인 이미지를 원한다면 비대칭적인 구조와 예상치 못한 가구 배치로 신선함과 호기심을 불러일으킬 수 있다.

예를 들어, 벽이 중첩되며 독특하게 교차하는 디자인을 떠올려 보라. 이 구조는 고객의 시선을 잡아끌며, 브랜드가 전하고자 하는 창의적 에너지를 강렬하게 전달한다. 천장에서 바닥까지 유려하게 흐르는 곡선형 벽면이 고객을 부드럽게 감싸듯 디자인되어 있다면 어떨까? 또는, 계단이 정직한 일직선이 아니라 물결처럼 리듬감 있게 흐르는 형태라면 어떨까? 그 공간은 그 자체로 브랜드를 매력적으로 이야기하는 매개체가 된다.

이러한 공간 구조는 단지 멋진 이미지를 전달하는 것이 아니다. 그것은 고객의 시선과 움직임을 유도하고, 나아가 브랜드가 의도한 감정의 흐름에 몰입하게 한다. 고객은 자연스럽게 공간의 리듬을 따라 이동하며 브랜드의 세계를 경험하게 된다.

공간의 구조가 사용자 경험의 큰 뼈대를 형성한다면, 가구의 배치는 그 경험의 결을 다듬고 분위기를 완성하는 섬세한 손길이다. 호텔 로비 중앙에 놓인 라운드 소파는 사람들을 모이게 하는 중심축 역할을 한다. 고객들이 자연스럽게 소파를 중심으로 모여 대화를 나누거나 잠시 머물며 공간을 즐기게 한다. 갤러리에서도 가구는 작품을 감상하는 흐름을 만든다. 갤러리 곳곳에 놓인 벤치는 특정 작품 앞에서 사람들을 머무르게 하며, 작품과 더욱 깊게 교감하도록 한다.

　매장에서는 제품의 배치가 고객의 행동을 결정짓는 핵심 요소다. 진열대의 위치와 높이, 고객의 시선을 끄는 포인트는 모두 배치의 일부다. 잘 설계된 배치는 고객이 공간 안에서 자연스럽게 이동하며 무의식적으로 그 제품에 다가가도록 유도한다. 고객이 공간 안에서 자연스럽게 걷고, 멈추고, 돌아보게 만드는 구조는 매장을 하나의 브랜드 내러티브로 완성시킨다.

　카페의 테이블과 의자는 흐름을 조율하는 지휘자처럼, 고객들이 자연스럽게 어디에 머물고 어디로 이동할지를 유도한다. 입구 근처의 작은 테이블은 빠르게 커피를 마시고 떠나는 고객들에게 적합하고, 더 깊은 공간 안쪽에 배치된 넓은 테이블과 소파는 더 오래 머무르며 작업하거나 편안히 대화를 나누고 싶은 고객들을 위한 자리로 사용된다. 가구 배치는 공간의 목적을 자연스럽게 구분하고, 사용자 경험을 세심하게 설계하는 도구로 활용된다.

　업무 공간의 구조 또한 조직의 철학과 일하는 방식을 고스란히 담아낸다. 폐쇄적인 개별 공간은 직원들의 집중력을 높일 수 있지만, 협업이 중요한 환경에서는 개방형 구조와 유동적인 배치가 훨씬 더 적합하다. 공용 테이블이나 라운지는 자연스럽게 사람들이 모여 대화를 나누고 아이디어를 교환하도록 유도한다. 이러한 배치는 공간의 효율성을 높이는 것뿐만 아니라, 조직의 문화와 가치를 담아내기도 한다.

비즈니스 공간에서 구조와 배치를 전략적으로 활용하면 고객과 직원에게 깊은 감동을 줄 수 있다. 공간은 그 자체로 메시지를 담고 있다. 어떤 공간은 신뢰를, 어떤 공간은 따뜻함을, 또 다른 공간은 창의적 에너지를 전달한다.

공간을 바라보는 시각을 조금 바꿔보자. 단순히 예쁜 공간을 만드는 것에서 멈추지 말고, 사용자가 그 공간에서 어떤 이야기를 듣고 어떤 감정을 느끼게 될지를 상상해 보라. 그렇게 설계된 공간은 평범한 건축물이 아닌, 사람들과 교감하는 살아 있는 예술 작품이 될 것이다.

당신이 만들어 낼 공간은 어떤 이야기를 들려줄 것인가?

〈토크 엘립스〉

리처드 세라Richard Serra의 〈토크 엘립스Torqued Ellipses〉는 공간의 구조와 배치가 어떻게 감각적이고 정서적인 경험을 만들어 내는지를 보여주는 예술 작품이다. 거대한 강철판으로 이루어진 이 작품은 그 자체로 압도적인 크기와 무게감을 자랑한다. 하지만 진짜 매력은 '보는 것'에서 끝나지 않는다. 진정한 경험은 관람객이 그 안으로 걸어 들어갈 때 시작된다.

작품의 비틀리고 기울어진 곡선 형태는 마치 거대한 파도가 굳어진 것처럼 보인다. 이때 관람객들은 '이 안으로 걸어 들어가 봐도 될까?'라는 궁금증과 호기심을 갖는다. 그리고 안으로 들어서는 순간, 작품은 완전히 다른 얼굴을 드러낸다.

〈토크 엘립스〉의 내부는 마치 미로 같다. 곡선 형태와 비대칭적 배치는 관람객의 시야를 끊임없이 왜곡시키고, 그들이 걷는 동선을 의도치 않게 흔들어 놓는다. 강철의 차가운 질감이 손끝으로 전해지고, 시야는 벽의 휘어진 면에 따라 계속 달라진다. 좁아졌다가 갑자기 넓어지는 공간을 마주할 때, 관람객은 새로운 공간을 발견하는 듯한 순간적인 설렘을 느낀다. 때로는 벽이 관람객을 감싸안는 듯 가깝게 다가오고, 때로는 넓게 펼쳐진 공간이 해방감을 준다. 이러한 변화 속에서 관람객은 자신도 모르게 공간 속으로 몰입하게 된다.

리처드 세라의 작품은 건축과 조각의 경계를 허물며, 공간이 사람들에게 어떤 정서적 영향을 미칠 수 있는지를 경험하게 한다. 이 설치물 안에서 사람들은 자신이 공간의 일부가 되었다고 느낀다. 그리고 이 순간, 강철이라는 딱딱하고 차가운 재료는 무겁고 단단한 물질이 아니라, 공간을 움직이고 흐르게 만드는 살아 있는 요소로 다가온다.

이 작품이 특별한 이유는 무엇일까? 바로 관람객이 공간을 '탐험'하도록 만든다는 점이다. 걸음걸음마다 새로운 시각적 왜곡과 감각이 주어지면서, 이 작품은 정적인 조각이 아니라 끊임없이 변화하는 공간 경험으로 변모한다. 마치 공간이 관람객에게 이야기를

디자인이 곧 비즈니스다

들려주는 듯하다.

비즈니스 공간을 설계할 때, 세라의 〈토크 엘립스〉처럼 구조와 배치를 통해 사람들에게 탐험의 즐거움을 선사한다면 어떨까? 한 매장에서 고객이 좁고 긴 통로를 지나자마자 넓게 펼쳐진 전시 공간과 마주하게 된다면 어떤 감정을 느낄까? 혹은 벽의 곡선이 자연스럽게 시선을 유도하며 발걸음을 옮길 때마다 숨겨진 보물을 발견하듯 흥미를 자극한다면, 고객이 단순히 제품을 보는 것이 아닌, 하나의 '여정'을 만들어 낼 수 있다.

공간이 제공하는 이러한 탐험의 즐거움은 고객의 기억에 깊이 새겨지고, 브랜드에 대한 독특한 이미지를 형성할 수 있다. 〈토크 엘립스〉처럼, 당신의 공간은 어떤 여정을 선사할 준비가 되어 있는가?

〈토크 엘립스 Torqued Ellipses〉 (빌바오, 스페인)

조르지오 아르마니 플래그십 스토어

뉴욕 5번가를 걷다 보면, 조르지오 아르마니Giorgio Armani 플래그십 스토어의 세련된 외관이 시선을 사로잡는다. 그러나 진짜 매력은 매장 안으로 들어섰을 때 비로소 드러난다. 매장 중심에 있는 흰색 계단은 이동 수단의 역할을 넘어, 공간과 브랜드의 이야기를 풀어내는 상징적 무대로 기능한다.

이 흰색 계단은 마치 공중에서 리본이 부드럽게 풀어지고 다시 감기는 듯한 유연한 곡선을 자랑한다. 걸음을 옮길 때마다 살아 숨쉬는 듯한 움직임을 느끼게 하며, 자연스럽게 사용자의 동선을 유도하고 공간을 둘러보도록 유혹한다.

계단의 매끄러운 흰색 표면은 은은한 조명과 어우러져 미래적이면서도 세련된 분위기를 자아낸다. 계단이 흰색으로 빛나는 반면, 매장의 층들은 검은색으로 구성되어 있다. 흑백의 강렬한 대비는 흰색 계단을 더욱 돋보이게 하며, 그 존재감은 브랜드의 아이콘처럼 자리 잡는다. 이 색의 조율은 아르마니의 컬러 아이덴티티를 고스란히 반영한다.

이 계단은 아르마니의 철학과 정체성을 몸소 체험할 수 있는 공간이다. 계단을 오르며 느껴지는 유려한 곡선과 흰색의 순수함은 브랜드가 전달하고자 하는 우아함과 공간 설계의 혁신성을 보여준다. 고객들은 이 계단을 걸으며 매장 전체를 하나의 예술 작품처럼 느낀다. 어두운 매장 안에서 이 흰색 계단은 마치 빛나는 무대처럼

디자인이 곧 비즈니스다

느껴지며, 고객에게 그 무대의 주인공이 된 듯한 기분을 준다.

뉴욕 5번가의 플래그십 스토어를 방문하는 고객들에게 이 계단은 디자인 이상의 의미를 갖는다. 그 위를 걸을 때 느껴지는 것은 아르마니가 전달하고자 하는 브랜드와의 감각적인 대화. 이 계단을 걸으며 고객은 제품을 소비하는 소비자가 아니라, 브랜드의 이야기에 동참하는 주체가 되는 것이다.

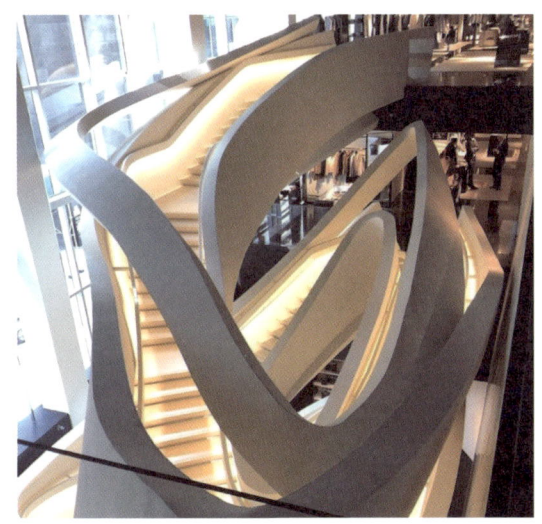

조르지오 아르마니 Giorgio Armani 플래그십 스토어 (뉴욕, 미국)

동선: 공간을 흐르는 움직임

동선은 한 장소에서 다른 장소로 이동하는 경로만을 의미하지 않는다. 그것은 사람들이 '어떻게' 공간을 경험하고, 어떤 감정을 느끼며, 어디에 머무르기를 원하는지를 결정짓는 중요한 설계 요소다.

갤러리를 떠올려 보자. 작품을 관람하는 순서에 따라 감정이 달라진 경험, 혹은 특정 작품 앞에 멈춰 서서 감동을 느낀 순간이 있었을 것이다. 곡선으로 이어진 동선은 자연스럽게 당신의 발걸음을 이끌고, 작품 하나하나를 연결해 준다. 마치 한 권의 책을 읽으며 페이지를 넘길 때마다 새로운 이야기에 빠져드는 것처럼, 동선은 공간의 스토리를 풀어나가는 역할을 한다.

매장에서의 동선도 마찬가지다. 고객의 발걸음을 유도하는 디스플레이, 입구에서부터 계산대까지 이어지는 설계는 단지 길 안내가 아니다. 예를 들어, 곡선형 동선은 고객을 천천히 공간 깊숙이 안내하고, 중간중간 멈추어 보게 만드는 진열대는 고객의 관심을 사로잡는다. 고객이 마음에 드는 가방을 발견하고, 거울을 마주하며 그 가방을 들고 있는 모습에 미소 지었다면, 그 순간도 동선이 만들어 낸 경험 중 하나일 거다. 이처럼 잘 설계된 동선은 고객의 이동을 전략적으로 유도하여, 매장 내 체류 시간을 늘리고, 브랜드의 가치를 느끼도록 만든다.

사무실 공간은 어떨까? 우리가 하루 대부분을 보내는 공간에서의 동선은 업무의 흐름뿐만 아니라 팀 간의 소통과 창의성을 좌우한다. 공용 공간이 자연스럽게 연결되어 직원들이 쉽게 만나 대화를 나눌 수 있다면, 그 사무실은 아이디어가 살아 숨 쉬는 허브가 된다. 반대로 동선이 비효율적이라면, 직원들은 이동만으로도 피로감을 느끼고 협업의 기회가 줄어든다. 특히 작업 공간, 회의실, 휴게실이 유기적으로 연결된 동선은 직원들이 공간을 더 효율적으로 사용할 수 있도록 돕는다. 이러한 설계는 기업의 협업 문화를 강화하고, 직원들이 업무 환경에서 더 깊은 몰입을 느끼게 만든다.

사람들은 공간에서의 이동이 자유롭고 자연스러울 때 안정감을 느낀다. 호텔 로비에서 동선은 고객의 첫인상을 좌우한다. 입구에서 체크인 데스크까지 이어지는 직선적인 동선은 빠르고 효율적이지만, 지나치게 단조롭다면 로비가 단순히 '지나는 곳'으로 느껴질 위험이 있다. 반면, 넓은 로비 공간에 갈래길이 생기고, 카펫과 가구, 조명과 자연 요소들이 그 길을 부드럽게 강조한다면 어떨까? 고객은 자신만의 길을 선택하며 탐험하듯 공간을 경험하게 되고, 로비 자체가 하나의 특별한 순간으로 기억될 것이다.

동선은 공간과 사람을 연결하는 보이지 않는 실과 같다. 그것은 당신이 그 공간에서 무엇을 느끼고 어떤 경험을 하게 될지를 결정 짓는다. 카페에 들어가 가장 아늑한 자리로 자연스럽게 발걸음을 옮겼던 기억이 있는가? 혹은 여행 중 방문한 갤러리에서 처음부터 끝까지 마치 안내를 받는 듯 작품을 감상했던 경험은? 이 모든 순간이 동선 덕분이다.

잘 설계된 동선은 그 공간의 이야기 속으로 들어가도록 만든다. 동선은 사람들의 발걸음을 유도하고, 공간에서 머무는 모든 순간을 하나의 특별한 경험으로 만든다.

구겐하임 미술관

뉴욕 맨해튼의 직선 빌딩들 사이에서, 마치 다른 차원의 공간처럼 모습을 드러내는 곡선의 건축물이 보인다. 바로 프랭크 로이드 라이트Frank Lloyd Wright가 설계한 구겐하임 미술관Guggenheim Museum이다. 미술관에 발을 들이는 순간, 우리는 흔히 보던 정형화된 갤러리와는 다른 세계를 마주한다. 라이트는 전통적인 갤러리 디자인의 한

디자인이 곧 비즈니스다

계를 무너뜨리며, 공간 자체를 하나의 예술 작품으로 탈바꿈하고 자 했다. 대부분의 미술관이 벽에 작품을 걸고 직선적인 동선을 따라 이동하도록 설계된 반면, 구겐하임 미술관은 이런 전통을 뒤집었다.

미술관의 중심을 감싸며 위로 뻗어나가는 나선형의 경사로는 '건축적 산책로'*의 개념을 구현한다. 이 구조는 관람객이 아래에서 위로, 또는 위에서 아래로 자연스럽게 움직이며 작품을 감상할 수 있도록 끊임없이 이어지는 유기적인 흐름을 만들어 낸다. 작품의 배치와 관람 동선은 긴밀하게 연결되어 있어, 관람객은 마치 미술관 자체가 하나의 이야기를 들려주는 듯한 경험을 하게 된다.

또한 나선형 구조는 관람객에게 작품을 더 넓고 다양한 시각에서 감상할 기회를 제공한다. 경사로에서, 관람객은 같은 작품을 다른 층에서 여러 각도로 바라볼 수 있으며, 아래층과 위층의 전시가 서로 연결되어 하나의 거대한 예술적 흐름을 형성한다.

비즈니스 공간에서도 동선과 배치를 전략적으로 설계한다면, 고객과 직원 모두에게 깊은 인상을 남길 수 있다. 예를 들어, 고객이 매장에 들어섰을 때, 동선이 단순히 이동을 위한 경로가 아니라 브랜

---

* 건축적 산책로(Architectural Promenade): 건축가 르코르뷔지에(Le Corbusier)가 처음 제안한 개념으로, 건축 공간을 이동하면서 체험하는 과정을 강조한 설계 방식. 단순히 공간을 '보는 것'이 아니라, '걷고, 움직이며, 시간의 흐름 속에서 공간을 느끼는 것'에 중점을 둔다. 감상자가 공간 속을 이동하면서 점진적으로 시야와 감각이 열리도록 유도하는 구조다.

드의 이야기를 단계적으로 풀어내는 여정이라면 어떨까? 또는, 긴 복도에 그 지역 특색을 담은 이야기를 시각적으로 배치하거나, 복도 끝에 로컬 아티스트의 작품을 배치해 자연스럽게 고객의 발길을 유도한다면, 단순한 이동도 감성적 체험으로 확장될 수 있다.

이처럼 공간을 '걷는 여정'으로 바라보는 시각은 단지 기능적 이동이 아닌, 감각과 감정, 기억이 쌓이는 시간으로 디자인할 수 있는 가능성을 보여준다. 동선은 감정적 유대와 영감을 줄 수 있는 플랫폼이 된다.

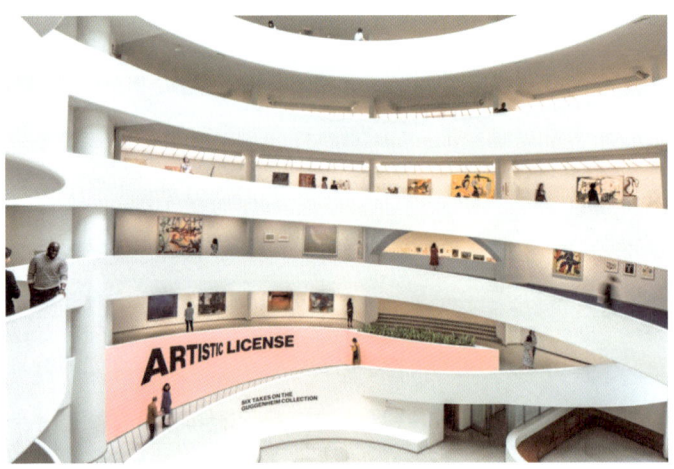

뉴욕 구겐하임 미술관 Guggenheim Museum (뉴욕, 미국)

디자인이 곧 비즈니스다

이케아 매장

이케아(IKEA) 매장에 들어선 순간, 당신은 이미 이케아의 작은 세계로 들어온 것이다. 미로처럼 얽힌 동선이 처음에는 약간 혼란스러울 수 있지만, 곧 당신은 그 흐름에 자연스럽게 몸을 맡기게 된다. 이 동선은 고객이 이케아의 철학을 느끼고 자신의 공간을 상상하며, 그 안에서 발견의 즐거움을 찾도록 의도적으로 설계된 여정이다.

이케아의 여정은 쇼룸에서 시작된다. 당신이 마주하는 첫 장면은 거실, 주방, 침실처럼 실제 가정을 그대로 옮겨놓은 다양한 콘셉트의 방들이다. 여기서 이케아는 "이 소파를 사세요"라고 말하는 대신, "이 소파가 당신의 거실에서 얼마나 완벽할지 상상해 보세요"라고 속삭인다. 당신은 쇼룸에 앉아 있는 자신의 모습을 그려보고, 어느새 가구와 함께한 새로운 라이프스타일을 상상하고 있다. 이 쇼룸은 상품 전시장이 아니라, 당신이 꿈꿔왔던 생활 방식을 발견하는 곳이다.

동선은 고객을 한 방향으로 유도하는 일방통행 시스템으로 설계되어 있다. 한눈에 보기엔 복잡해 보이지만, 이 모든 것은 고도로 계산된 것이다. 주방 쇼룸을 지나면 자연스럽게 조리 도구와 식탁 장식이 이어지고, 이내 당신은 '이 식탁 위에서 아침을 먹으면 얼마나 좋을까?'라는 생각에 빠진다. 예상치 못했던 소소한 아이템들이 당신의 눈길을 사로잡으며, 쇼핑 카트는 어느새 가득 찬다. 사실, 이 과정은 당신이 몰랐던 필요를 발견하고 새로운 생활 방식을 상상하는 여정이다.

동선의 마지막은 작은 소품과 액세서리 코너로 이어진다. 쇼룸에서 본 거실을 완성할 쿠션, 서재를 빛내줄 조명, 욕실을 채워줄 세면도구 트레이까지, 이 모든 것이 자연스럽게 당신을 기다리고 있다. 여기서 이케아는 작은 디테일까지 놓치지 않는 라이프스타일 브랜드로 자리 잡는다. 당신은 이 순간, 자신의 삶을 완성하는 퍼즐을 맞추고 있다는 기분을 느낀다.

길고도 즐거운 여정 끝에는 카페테리아가 나타난다. 따뜻한 피자 한 접시를 앞에 두고, 방금 본 가구가 당신의 집에서 얼마나 완벽하게 어울릴지 상상하게 된다. '이케아는 가구를 파는 곳이 아니라, 나만의 삶을 설계하는 데 필요한 영감을 주는 곳이구나'라고 느끼게 만든다.

이케아의 동선은 고객이 몰랐던 필요를 발견하게 하고, 새로운 라이프스타일을 상상하게 하며, 결국 구매를 통해 그 꿈을 실현하도록 돕는 여정이다. 이 여정이 끝날 때, 당신은 가구를 산 것이 아니라, 당신만의 이야기를 완성한 것이다.

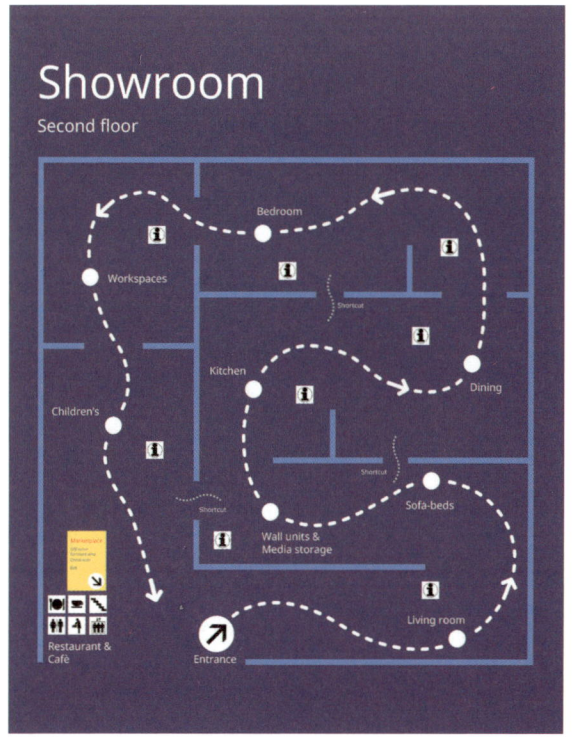

이케아 IKEA 매장 동선 다이어그램

Chapter 9

스케일: 공간의 크기와 비율

스케일은 우리가 공간을 인지하고 감정적으로 반응하는 방식에 직접적인 영향을 미친다. 공간이 거대한 스케일로 설계되었을 때 우리는 경외감과 압도감을 느끼고, 작은 스케일에서는 친밀함과 아늑함을 느낀다. 스케일은 물리적 크기를 넘어, 공간에서의 우리의 감정과 경험을 어떻게 형성하는지에 대한 이야기다.

스케일은 높이와 너비 같은 물리적 수치로 정의되지 않는다. 그 것은 공간에 머무는 사람의 몸과 공간이 어떻게 상호작용 하는지에 관한 것이다. 예를 들어, 높은 천장이 있는 넓은 로비에 들어섰을 때 우리는 웅장함과 개방감을 느끼며, 그 공간이 주는 확장된 감각 속에서 잠시 숨을 고르게 된다. 반면, 낮은 천장과 아늑한 가구로 구성된 회의실에서는 심리적 안정감과 친밀감이 형성되어, 자연스럽게 대화가 이루어진다. 이러한 차이는 단순히 공간의 크기 때문이 아니라, 공간의 스케일이 우리의 감정과 행동을 조율하는 방식 때문이다.

그래서 우리는 천장의 높이, 벽의 간격, 창문의 크기 등 공간 요소들의 스케일을 고려해야 한다. 높은 천장은 웅장함을 주지만, 비어 보이면 차가운 인상을 남길 수 있다. 반대로, 낮은 천장은 아늑함을 줄 수 있지만 지나치게 낮으면 답답함을 느끼게 한다. 적절한 균형을 찾는 것이 관건이다. 잘 설계된 공간은 강약과 리듬을 조화롭게 담아 사용자에게 안정감을 주고 경험을 풍부하게 만든다.

대형 박물관이나 역사적 기념비를 떠올려 보자. 이들은 거대한 스케일로 설계되어 방문객들에게 그 공간이 전달하고자 하는 메시지와 가치를 체감하게 한다. 이러한 스케일의 체감은 크기 자체에서만 오는 것이 아니라, 그것이 주변 요소와 어떻게 조화를 이루는지, 그리고 방문자가 그 공간에서 어떻게 위치를 점유하는지에 따라 완성된다.

뉴욕의 그랜드 센트럴 터미널Grand Central Terminal의 웅장한 메인 홀은 그 거대한 규모와 디자인적 디테일로 인해, 수백만 명의 사람들이 매일 오가는 일상의 여정을 특별한 경험으로 바꾼다. 반대로, 작은 카페의 코너에 위치한 자리나 집 안의 서재는 아늑함을 준다. 이렇듯 스케일은 우리와 공간이 얼마나 밀접하게 연결되어 있는지를 알려준다.

스케일은 공간의 기능과도 밀접하게 연관되어 있다. 매장 공간에서의 스케일은 구매 경험에 큰 영향을 미친다. 넓은 플래그십 매장은 브랜드의 규모와 정체성을 과시하며, 고객들에게 웅장함과 신뢰감을 전달한다. 반면, 작은 팝업스토어는 특정 제품이나 콘셉트에 집중하게 하며, 고객들에게 친근한 느낌을 전달한다. 이처럼 스케일은 브랜드가 고객과 어떻게 상호작용 하고 소통하고 싶은지를 보여준다.

사무실 공간에서도 스케일은 생산성과 창의성을 극대화하기 위해 조정될 수 있다. 넓고 높은 천장이 있는 오픈 스페이스open space는 협업과 자유로운 아이디어 교환을 유도한다. 반면, 적절히 구획된 작은 공간은 집중이 필요한 작업에 이상적이다. 이와 같은 스케일의 조화는 직원들이 각자의 업무 스타일에 맞는 환경을 선택하고, 그 공간에서 최상의 퍼포먼스를 낼 수 있도록 돕는다.

또한, 스케일은 우리가 공간에서 느끼는 시간의 흐름을 조절하기도 한다. 커다란 공공광장이나 거대한 회랑을 지나갈 때, 우리는 시간이 느리게 흐르는 듯한 감각을 경험하며 공간에 더 오래 머물게 된다. 반면, 좁고 구불구불한 동선은 우리의 시선을 끊임없이 움직이게 하며, 공간에서의 시간을 더 짧고 역동적으로 느끼게 한다. 이러한 스케일의 조작은 비즈니스 공간에서 고객의 행동을 유도하고 브랜드 메시지를 강화하는 데 강력한 도구로 활용될 수 있다.

가구의 스케일 또한 공간의 분위기를 완전히 바꿀 수 있다. 지나치게 큰 가구를 배치하면, 마치 동화 속 '앨리스의 원더랜드'에 들어온 듯한 비현실적이고 이색적인 경험을 줄 수 있다. 반면, 리셉션 데스크를 전형적인 크기보다 작게 설계하면, 기존의 고정관념을 깨며 보다 친근하고 캐주얼한 인상을 전달할 수 있다. 큰 리셉션 데스크는 웅장함과 권위를 드러내지만, 작은 리셉션 데스크는 아늑하면서도 현대적인 분위기를 만들어 낸다.

스케일은 공간을 설계하는 디자이너에게 있어 흥미로운 요소 중 하나다. 적절한 스케일을 결정하는 것은 단순히 숫자나 비율의 문제가 아니다. 그것은 공간의 목적, 사용자, 그리고 그들이 그 공간에서 느끼고 경험하기를 바라는 감정과 밀접하게 연결되어 있다.

이러한 스케일의 힘을 이해하고 이를 활용할 때, 사람들에게 오래도록 기억될 특별한 경험으로 자리 잡을 것이다.

헤이다르 알리예프 센터

자하 하디드Zaha Hadid의 건축물은 '스케일의 예술'을 떠올리게 한다. 서울의 DDP처럼, 바쿠의 헤이다르 알리예프 센터Heydar Aliyev Center 역시 크기로 방문객들을 압도한다. 이 거대한 건축물을 처음 마주했을 때, 부드럽고 유동적인 곡선이 눈길을 사로잡는다. 마치 한 폭의 유려한 선이 대지를 가로지르며 자리 잡은 듯한 이 건물은, 전통적인 박스형 건축물의 틀에서 완전히 벗어나 있다.

외부에서 이 센터를 바라보면, 끝없이 이어지는 곡선이 마치 시간과 공간을 초월하는 듯한 느낌을 준다. 유려한 선들은 아제르바이잔의 문화적 뿌리와 현대적 디자인의 조화를 담고 있다. 건물의 크기는 웅장하지만, 그 곡선은 마치 부드러운 손길처럼 사람들을 내부로 자연스럽게 흘러들게 만든다.

헤이다르 알리예프 센터의 내부는 외부와는 또 다른 매력을 가진다. 높은 천장과 넓게 펼쳐진 공간은 처음에는 압도적으로 다가올 수 있지만, 방문객이 그 공간에 쉽게 적응하도록 설계되었다. '크다'는 인상만 남기는 것이 아니라, 그 안에서의 경험이 섬세하고 유기적으로 이어진다. 전시 공간이나 회의실은 대규모 행사를 수용할 수 있을 만큼 넓지만, 각각의 공간은 섬세하게 구획되어 있어 편안함을 준다. 이는 사용자의 경험과 공간의 목적을 조화롭게 설계한 결과다.

특히, 건축물의 외벽은 빛과 그림자의 변화에 따라 살아 움직이는 듯한 느낌을 준다. 거대한 곡면에 투영된 빛은 시간에 따라 끊임없이 변화하며, 건축물 자체가 하나의 역동적인 조각품처럼 보이게 만든다. 이와 같은 디자인은 스케일의 크기뿐만 아니라, 그 크기가 사람들에게 어떻게 감각적으로 전달되는지에 중점을 둔 설계의 결과다. 단순히 크고 웅장한 건물이 아니라, 빛과 형태, 그리고 스케일이 어우러져 사용자에게 심미적이고 감정적인 경험을 주는 것이다.

자하 하디드의 건축물은 종종 '미래에서 온 건축'이라고 불린다. 그 이유는 그녀가 공간을 새롭게 해석하고 스케일을 디자인의 도구로 활용해, 사람들이 공간에서 느끼는 감각적, 정서적 경험을 극대화했기 때문이다. 헤이다르 알리예프 센터는 그 크기와 형태로 인해 사람들에게 압도적인 첫인상을 남기지만, 그 안에서의 경험은 섬세하고 인간적이다.

비즈니스 환경에서도 이러한 스케일의 철학은 응용될 수 있다. 웅장한 로비, 대규모 회의실, 그리고 작은 협업 공간들까지, 각각의 공간은 그 스케일에 따라 사용자의 목적과 감정을 반영하도록 설계되어야 한다. 공간은 단순히 '큰 것이 좋은 것'이 아니다. 크기와 경험이 조화를 이루는 곳이어야 한다.

헤이다르 알리예프 센터 (바쿠, 아제르바이잔)

캡슐 호텔

도쿄의 한복판에서 시작된 캡슐 호텔은 한마디로 작지만 강렬한 공간이다. 처음에는 저렴한 숙박 옵션으로 주목받았지만, 지금은 효율성과 창의성의 정점을 보여주는 디자인 아이콘으로 자리 잡았다. 스케일의 크기를 뛰어넘으며, 그 안에서 어떤 경험을 제공할 수 있느냐에 대한 흥미로운 해답을 던지는 공간이다.

처음에는 그 크기에 적응할 수 있을지 약간 의문이 들 수도 있다. 하지만 막상 들어가면 상황이 달라진다. 따뜻한 조명과 소리를 흡수하는 벽 재질 덕분에, 작은 공간이 주는 압박감 대신 포근한 안식처로 느껴진다. 누워서 천장을 바라보는 순간, 마치 세상의 혼잡함에서 잠시 분리된 작은 섬에 들어온 듯한 기분이 든다. USB 충전 포트와 조명 조절 장치 등 현대적인 편의시설이 작은 공간에 세심하게 배치되어 있어 '작아도 완벽하다'는 인상을 준다.

캡슐 호텔의 재미는 여기서 끝나지 않는다. 캡슐 내부가 작고 아늑한 반면, 로비와 라운지 같은 공용 공간은 넓고 개방적으로 설계되어 있다. 혼자만의 시간을 충분히 보낸 뒤, 탁 트인 라운지로 나와 다른 여행자들과 대화를 나누거나 휴식을 취할 수 있다. 이처럼 작은 스케일과 큰 스케일의 조화는 사용자에게 다층적인 경험을 선사하며 공간의 활용도를 극대화한다.

캡슐 호텔이 주는 교훈은 명확하다. 공간이 크다고 무조건 좋은 것은 아니다. 작은 공간이라도 사용자 경험을 중심에 두고 설계하면,

제한적인 스케일 속에서도 새로운 가치를 창출할 수 있다. 캡슐 하나하나가 개인의 안락함과 기능을 최대로 고려해 설계되었고, 공용 공간은 사회적 교류와 여유를 제공하도록 의도되었다.

캡슐 호텔의 철학은 비즈니스 공간에서도 중요한 영감을 준다. 작은 매장이나 협소한 사무실이라도, 창의적인 디자인을 통해 방문객들에게 깊은 인상을 남기고, 직원들에게는 보다 효율적이고 쾌적한 일의 흐름을 만들어 줄 수 있다. 공간이 작다고 해서 반드시 불편한 것은 아니다. 스케일의 제약을 디자인으로 극복하는 것, 그것이 바로 캡슐 호텔이 주는 교훈이다.

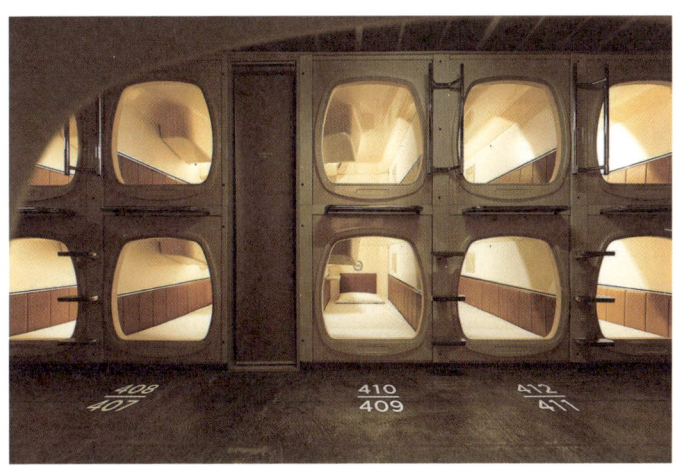

℃ 캡슐 호텔 (오사카, 일본)

젠틀몬스터 매장, 거인

거리에서부터 한눈에 들어오는 거대한 거인이 젠틀몬스터^{Gentle} ^{Monster} 매장의 존재감을 단번에 각인시킨다. 문을 열고 들어서는 순간, 그 압도적인 스케일과 존재감에 발길을 멈추게 된다. 매장 입구에 1층 천장을 의자 삼아 앉은 거인은 처음에는 그 크기로 방문객을 압도하지만, 이내 그의 부드럽고 평온한 표정이 주는 묘한 위로와 안도감에 빠져들게 된다. 이 조형물은 눈길을 끄는 시각적 요소로서, 젠틀몬스터의 철학과 정체성을 온전히 담아낸 스토리의 일부다.

거인의 압도적인 스케일은 매장의 중심축이 되어, 고객들이 자연스럽게 조형물 주위를 걸으며 매장을 탐험하도록 유도한다. 조형물의 주변을 걸을 때마다 각기 다른 각도에서 조형물을 바라보는 경험은 '보는' 행위를 넘어서 공간과 관객의 관계를 다시 정의한다. 고객은 거대한 존재 앞에서 자신이 얼마나 작은 존재인지 체감하며, 이 매장의 이야기를 함께 만들어 가는 주인공이 된다. 공간은 그들의 상상과 서사가 살아 숨 쉬는 무대로 변한다.

젠틀몬스터 매장에서 스케일은 조형물에만 국한되지 않는다. 매장에 배치된 가구와 디스플레이, 제품들 또한 각기 다른 스케일을 통해 공간 전체에 리듬의 변화를 준다. 거인은 방문객들에게 웅장함과 존재감을 전달하는 동시에, 마치 영화 세트 속에 들어온 듯한 이색적인 경험을 선사한다. 반대로 젠틀몬스터의 주 제품인 안경과 선글라스는 작은 오브제로서, 고객들이 가까이 다가가 보고, 만지고 착용해 보도록 유도하며 친밀감을 형성한다. 이렇게 다양한 크기의 요소들은 공간에 생동감을 더하고, 고객의 경험을 다층적으로 확장한다.

거인은 젠틀몬스터라는 브랜드가 가진 대담함과 창의성을 직관적으로 보여준다. 브랜드의 기존 틀을 깨는 혁신적인 태도와 실험 정신은 거인의 거대한 스케일을 통해 압도적으로 전달된다. 이 경험은 방문객들에게 잊지 못할 감각적 기억을 남기며, 젠틀몬스터라는 브랜드를 제품 판매만의 공간이 아닌, 감각과 서사를 담은 장소로 자리매김하게 한다.

매장 크기나 물리적 한계는 중요하지 않다. 오히려 그 안에서 고객에게 강렬한 감정을 불러일으킬 수 있는 대담한 디자인 요소가 공간의 목적과 가치를 극대화한다. 이 거인은 브랜드와 고객 사이에 독특하고 강렬한 연결을 만들어 내는 동시에, 스케일이 가진 힘을 새롭게 정의한다.

젠틀몬스터 Gentle Monster 매장, 거인 (마닐라, 필리핀)

디자인이 곧 비즈니스다

Chapter 10

형태의 의미: 공간에 담긴 조형적 언어

형태는 공간의 시각적 정체성을 구성하는 가장 근본적인 요소다. 직선과 곡선, 원형, 정사각형, 삼각형, 그리고 패턴까지, 형태는 각각 고유한 이야기를 품고 있으며, 이 이야기들이 모여 공간의 정체성을 완성한다.

둥근 공간은 따뜻함과 포용을 상징한다. 둥근 형태의 공간에 들어서면 사람들은 마치 누군가의 품에 안긴 듯한 안정감을 느낀다. 원형으로 설계된 호텔 로비는 방문객들을 중심으로 모이게 하며, 교류가 자연스럽게 이루어진다. 원형 테이블이 있는 회의실에서는 모두가 동등한 위치에 있다는 느낌을 받으며, 대화가 더 자연스럽게 흐른다. 벽이 둥글게 이어진 공간에서는 소리가 부드럽게 퍼져 평온함을 느끼게 한다. 이러한 형태는 날카로운 모서리가 없어 안전하고, 부드러운 감각은 사람들에게 심리적 안정감을 준다.

마치 햇살이 감싸안는 듯한 둥근 조명, 곡선을 따라 흐르는 계단은 공간에 부드러운 에너지를 불어넣는다.

정사각형 공간은 안정과 질서를 상징한다. 네 변과 네 각이 모두 동일한 정사각형 공간은 사용자의 심리적 긴장을 풀어주고, 명확하고 체계적인 인상을 남긴다. 사무실, 강의실, 또는 회의실처럼 집중과 효율이 중요한 장소에 적합하다. 정사각형 바닥 타일은 공간에 연속성과 통일감을 더하고, 단정하고 깔끔한 이미지를 준다. 그러나 지나치게 정형화된 정사각형 공간은 다소 무미건조하게 느껴질 수 있다. 이럴 때는 가구의 색감이나 질감, 패턴을 통해 변화를 주어 시각적 흥미를 더할 수 있다.

삼각형 형태는 에너지와 역동성을 상징한다. 날카로운 각과 비대칭적인 디자인은 공간에 긴장감을 더하고 시각적 흥미를 유발한다. 삼각형의 날카로운 선은 강렬하고 도전적인 이미지를 전달하며, 혁신적이고 창의적인 환경을 조성하는 데 적합하다. 삼각형 천장 구조가 있는 로비는 혁신적이고 도전적인 분위기를 만들어내며, 방문객들에게 강렬한 첫인상을 남긴다. 다각형의 벽면은 시선을 끌며, 브랜드 쇼룸이나 갤러리처럼 창의성과 독창성이 중요한 공간에 특히 효과적이다. 그러나 이런 형태가 과도하게 사용되면, 다소 공격적이거나 불편한 느낌을 줄 수 있으므로 균형 있게 활용하는 것이 중요하다.

패턴은 형태를 더욱 풍부하고 다채롭게 만드는 요소다. 단순한 선이나 점의 반복은 질서와 안정을 상징하며, 미니멀리즘을 강조

디자인이 곧 비즈니스다

하는 공간에 적합하다. 반대로 복잡한 패턴은 공간에 생동감을 더하고, 사람들에게 몰입감을 준다.

형태는 공간 안에서의 움직임과 흐름을 설계하는 데도 영향을 미친다. 원형 공간에서는 사람들이 자연스럽게 중심을 향해 모이는 반면, 정사각형 공간에서는 각 면이 동일한 역할을 하며 균형을 유지한다. 삼각형이나 다각형 공간은 의도적으로 시선을 분산시키거나 특정 방향으로 집중시키는 효과를 낼 수 있다. 좁고 직선적인 복도는 방향성을 강조하며, 사용자에게 목적지에 도달하고자 하는 심리적 긴박감을 줄 수 있다. 비대칭적인 형태의 공간에서는 각기 다른 시점에서 공간을 새롭게 인지하게 되어, 사용자의 호기심을 유발하고 공간에서 더 오래 머물도록 유도한다.

형태는 감정의 기억을 남긴다. 둥글게 설계된 테라스는 마치 품에 안긴 듯한 아늑함을 선사하고, 커다란 아치형 입구는 웅장하면서도 환영받는 느낌을 전달한다. 반면, 기하학적인 구조물은 도전적이고 혁신적인 인상을 심어주며 브랜드의 정체성을 강하게 드러낸다. 이러한 형태는 공간에 들어섰을 때 느껴지는 첫인상부터 공간을 떠날 때까지 이어지는 감정을 설계한다.

둥근 형태는 포근함과 따뜻함을, 정사각형은 안정과 질서를, 삼각형은 에너지와 역동성을 전달하며, 각각의 형태는 공간에 고유한 감정을 새긴다. 형태를 깊이 이해하고 창의적으로 활용할 때, 공간은 사람들에게 영감을 주는 이야기가 될 수 있을 것이다.

화이트 O

칠레의 한 주택 단지에 자리 잡은 도요 이토^{Toyo Ito}가 설계한 화이트 O^{White O}는 주변 자연환경과 조화롭게 어우르며 특별한 분위기를 자아낸다. 이 건축물은 둥근 형태를 통해 자연과 건축, 그리고 인간의 관계를 새롭게 정의한다.

화이트 O의 가장 큰 특징은 원형 구조다. 마치 자연의 순환을 형상화한 듯한 이 곡선은 끝과 시작이 없이 부드럽게 이어진다. 안뜰로 이어지는 열린 공간은 주변 풍경과 하나가 되며, 자연이 부드럽게 스며들어 주거 공간을 감싼다. 이곳에 서 있으면 마치 자연이 자신을 포근히 안아주는 느낌을 받게 된다. 곡선으로 이어진 벽은 아늑함과 부드러움을 극대화하며, 모든 요소가 유기적으로 연결되어 편안함을 준다.

특히 이 건축물의 내부를 걸을 때, 곡선의 흐름을 따라 발걸음이 부드럽게 이어진다. 복도를 걷다 보면 자연이 펼쳐진 중심부로 시선이 자연스럽게 이끌리고, 이 과정에서 공간과 하나가 되며 심리적 안정을 느끼게 된다. 화이트 O는 형태가 공간에 어떤 감정과 메시지를 불어넣을 수 있는지를 보여준다.

화이트 O White O (산티아고, 칠레)

애플 뉴욕 플래그십 스토어

뉴욕 맨해튼의 중심부를 걷다 보면 누구나 한 번쯤 멈추게 되는 순간이 있다. 한눈에 들어오는 거대한 유리 큐브와 빛나는 애플 Apple 로고가 그 주인공이다. 단순히 매장의 입구일 뿐인데, 이 투명한 큐브는 방문객에게 강렬한 인상을 남긴다. 마치 미래의 건축물이 현재의 도심 한가운데 자리 잡은 듯한 느낌을 준다.

큐브는 애플이라는 브랜드의 영혼을 담아낸 조형물이다. 큐브 형태의 투명하고 견고한 유리는 브랜드 철학인 '단순함 속의 혁신'을 시각화한다. 유리 큐브는 마치 모든 것을 숨기지 않고 드러내는 듯한 투명성을 지녔다. 동시에, 그 투명함은 약간의 경외감을 불러일으킨다. '이 안으로 들어가도 되는 걸까?'라는 생각을 하게 만들지만, 내부로 들어서는 순간 모든 긴장은 풀리고 호기심이 채워진다. 지상에는 유리 큐브만 보일 뿐, 실제 매장은 보이지 않는다. 매장으로 들어가기 위한 길은 큐브 안의 유리로 이루어진 나선형 계단이나 엘리베이터를 이용하여 지하로 내려가게 되는데, 이 과정 자체가 기술과 디자인을 체험하는 여정으로 느껴진다.

낮에는 자연광이 큐브를 통해 내부로 들어와 공간을 밝히고, 밤에는 내부의 조명이 외부로 퍼지며 뉴욕의 랜드마크로 빛난다. 시간과 날씨에 따라 큐브는 다른 모습을 보여주며, 도시의 맥락 속에서 끊임없이 변화하는 하나의 예술 작품처럼 느껴진다. 유리와 금속이 조화를 이루어 현대적이고 세련된 분위기를 만들어 내며, 애플이라는 브랜드의 미래 지향적 이미지를 강화한다.

내부 공간은 사각형의 그리드 구조를 기반으로 설계되어 사용자 경험을 극대화한다. 모든 테이블과 디스플레이는 간결하고 체계적으로 배열되어, 방문객이 제품 탐색에만 온전히 집중할 수 있도록 돕는다. 이러한 디자인은 혼란을 최소화하고, 기술과 디자인의 본질을 전달하는 데 초점을 맞추고 있다.

애플 스토어는 형태를 통해 브랜드 메시지를 전달하는 강력한 도구가 될 수 있음을 보여준다. 정사각형이라는 단순한 형태 안에 담긴 철학은 기술과 인간의 연결을 직관적으로 시각화하며, 공간 자체가 브랜드 아이덴티티를 드러낸다.

디자인이 곧 비즈니스다

애플 Apple 스토어 (뉴욕, 미국)

루이 비통 재단 미술관

파리 불로뉴 숲 한가운데, 마치 바람을 타고 항해하는 배처럼 우뚝 솟아 있는 루이 비통 재단 미술관이 보인다. 프랭크 게리^{Frank Gehry}가 설계한 이 건축물은 그 자체로 하나의 예술 작품이다. 루이 비통 재단 미술관^{Fondation Louis Vuitton}은 곡선 형태와 빛, 그리고 주변 자연을 활용해 사람들에게 예술과 브랜드의 철학을 동시에 체험하게 한다.

미술관의 가장 큰 특징은 유리로 만들어진 돛이다. 이 돛들은 바람에 날아오를 듯한 곡선의 유기적인 형태를 띠고 있어, 마치 움직임을 가진 생명체처럼 보인다. 자연의 흐름을 닮은 건축물 곡선은 불로뉴 숲과 조화를 이룬다.

곡선 형태의 돛은 브랜드의 혁신과 대담함을 상징하며, 관람객들에게 브랜드가 패션의 경계를 넘어 예술과 문화를 선도하고 있음을 직관적으로 느끼게 한다.

빛과 공간의 조화는 이 미술관의 또 다른 주요 요소다. 돛의 유리 패널은 자연광을 실내로 끌어들이며, 동시에 외부로는 미술관 내부의 생동감을 전달한다. 이로 인해 건축물은 낮과 밤, 그리고 계절에 따라 전혀 다른 표정을 보여주며, 관람객들에게 매 순간 색다른 경험을 제공한다.

이 미술관은 빛과 곡선, 자연과의 대화 속에서, 루이 비통이 품고 있는 예술적 야망과 시대를 앞서가는 비전을 건축 그 자체로 드러내는 공간이다.

루이 비통 재단 미술관 Fondation Louis Vuitton (파리, 프랑스)

Chapter 11

가구, 오브제, 디테일: 작은 것이 만드는 큰 차이

공간은 웅장하고 독특한 구조로 사람의 마음을 압도할 수 있지만, 진정으로 마음에 남는 것은 의외로 작은 디테일일 때가 많다. 처음에는 눈에 띄지 않을 수 있지만, 디테일은 시간이 지날수록 더 깊은 인상을 남긴다. 디테일은 공간의 장식적인 마무리나 부수적인 요소가 아니라, 공간의 철학과 가치를 전달하며 사용자와 교감을 이루는 중요한 매개체다.

디테일은 공간을 구성하는 모든 요소 속에 숨어 있다. 예를 들어, 손끝으로 느껴지는 소파의 바느질 마감, 테이블 모서리의 섬세하게 다듬어진 곡선, 조명 아래 반사되는 표면의 미세한 질감까지 모두 디테일이다. 이런 작은 요소들은 공간이 사용자의 무의식에 "이곳에서의 경험은 특별하다"라고 속삭인다. 때로는 눈길조차 주지 않을 작은 오브제가, 그 공간에 대한 기억을 만들어 내는 중요한 역할을 하기도 한다.

어느 고급 레스토랑에 들어섰을 때 처음 시선을 끄는 것은 화려한 천장일 수 있다. 그러나 자리에 앉으면 테이블 위에 놓인 예술적인 조명, 작은 화병 안의 싱그러운 꽃, 부드러운 촉감의 냅킨, 독특한 플레이팅이 고객의 감각을 섬세하게 자극한다. 이러한 세심한 디테일은 공간이 고객을 얼마나 배려했는지를 보여준다.

뉴욕의 한 고급 바에서는 고객들에게 칵테일과 함께 독특한 디자인의 커스터마이징된 코스터를 제공한다. 이 코스터는 고객들이 집으로 가져갈 수 있도록 설계된 것으로, 바에서의 경험을 고객의 일상 속에 남기려는 의도가 담겨 있다. 작은 디테일이지만, 이는 고객에게 깊은 인상을 남긴다.

가구와 오브제는 브랜드의 스토리와 메시지를 전달하는 중요한 도구이기도 하다. 럭셔리 호텔의 로비를 떠올려 보자. 그곳의 커피 테이블에는 디자이너가 선정한 고급 아트북이 놓여 있다. 이 책은 읽기만을 위해 배치된 것이 아니라, 호텔이 전하고자 하는 미학적 가치와 정체성을 드러낸다. 고객을 맞이하는 리셉션 공간에 놓인 의자, 데스크의 마감재, 심지어 펜 홀더 하나까지도 브랜드의 철학을 반영한다.

호텔 로비의 작은 화병 하나에도 디테일이 숨어 있다. 보이기에 예쁘기만 한 꽃을 꽂아두는 것이 아니라, 계절에 맞는 꽃을 선택하고, 화병의 재질과 형태가 주변 가구와 조화를 이루도록 배치했다면, 고객은 그 공간이 얼마나 세심하게 설계되었는지를 느낄 것이다. 심지어 화병의 높이나 꽃의 배열이 잘못되어 있으면 전체 공간의 완성도가 떨어져 보일 수도 있다.

특히 비즈니스 공간에서는 이러한 디테일이 사용자의 감정과 기억에 어떤 영향을 미칠지를 고려해야 한다. 회의실의 의자가 단순히 앉는 용도가 아니라, 그 디자인과 마감재가 회의의 분위기를 형성하고 협업의 감정을 조율한다고 생각해 보자. 둔탁하고 차가운 느낌의 금속 의자에 앉아 회의를 시작하는 것과, 부드럽고 따뜻한 패브릭 의자에 앉는 것은 전혀 다른 심리적 환경을 만들어 낸다. 이 작은 디테일들이 결국 회의의 생산성, 직원들 간의 협력, 그리고 공간에 대한 인상을 결정짓는 요소가 된다.

디자인에서 디테일은 선택이 아니라 필수다. 공간의 모든 작은 요소는 사용자가 그 공간에서 느낄 감정을 결정짓는 역할을 한다. 당신이 고객을 위한 비즈니스 공간을 설계하고 있다면, 그들이 손을 올릴 테이블, 등을 기댈 의자, 그리고 벽에 걸린 작품까지 모든 것을 다시 살펴보라. 이 감각적인 마무리가 사용자에게 어떤 메시지를 전달할지, 그들이 이 공간에서 어떤 감정을 느끼게 할지를 고려해 보자.

작은 디테일은 공간에 생명을 불어넣는다. 그것은 사용자가 공간을 사랑하게 만들고, 그곳에서의 경험을 오래도록 기억에 남게 한다. 가구와 오브제, 그리고 디테일이 공간에 제공하는 가능성은 무한하다. 그것이 바로 디자인이 예술과 기능, 그리고 감정의 교차점에 서 있는 이유다.

디자인이 곧 비즈니스다

디자인은 디테일에서 완성된다. 스스로에게 물어보자.

"이 작은 요소가 사용자에게 어떤 감정을 불러일으킬까?"

"이 디테일이 공간의 메시지를 더 강렬하게 만들어 줄까?"

디테일은 사용자가 공간과 더 가까워지도록 한다. 그것이 바로 디테일의 힘이다.

Chapter 12

보이지 않는 디자인: 향, 소리, 맛

　공간은 눈으로만 경험되지 않는다. 진정한 공간 경험은 오감을 통해 완성된다. 우리의 기억에 오래 남는 공간은 종종 시각적 아름다움 이상을 담아낸다. 그곳에는 특유의 향기가 감돌고, 배경음악이 우리의 감정을 조율하며, 때로는 미묘하게 입맛을 돋우는 무언가가 준비되어 있다. 향, 소리, 맛은 이러한 오감 중에서도 때로는 섬세하면서도 강렬하게 우리의 감정을 흔들고, 공간에 대한 기억을 오래도록 남기게 한다. 이는 비즈니스 공간에서도 마찬가지다. 고객이 공간에 머무는 동안 어떤 감각적 경험을 하느냐는 그들의 기억 속에 공간과 브랜드를 어떻게 자리 잡게 할지를 결정짓는다.

향

향은 가장 직접적으로 기억과 감정을 자극하는 감각이다. 특정한 향은 단 몇 초 만에 사람들을 과거의 추억 속으로 데려가기도 한다. 비즈니스 공간에서 향을 전략적으로 활용하는 것은 브랜드의 정체성을 감각적으로 표현하는 방법이다.

고급 호텔 로비에서는 은은한 화이트 플로럴 향이나 우디 향이 공간을 채운다. 이러한 향은 고객들에게 세련됨과 고급스러움을 느끼게 한다. 반면, 헬스클럽이나 요가 스튜디오에서는 유칼립투스나 라벤더처럼 산뜻하고 차분함을 주는 향을 사용하여 방문객들에게 건강과 휴식을 상징하는 메시지를 전달한다.

한 럭셔리 브랜드 매장은 자사의 고유한 향을 만들어 모든 매장에 동일하게 적용한다. 고객은 이 향을 맡는 순간 브랜드의 철학과 이미지를 즉각적으로 떠올리며, 이로써 공간에 대한 기억이 더욱 오래 지속된다.

향은 또한 특정한 행동을 유도하기도 한다. 베이커리나 카페에서 진하게 풍기는 커피 향과 갓 구운 빵 냄새가 퍼지면 고객들이 더 많은 구매를 하는 경향이 있다. 이러한 이유로 쇼핑몰이나 매장에서는 의도적으로 특정 향기를 사용하여 고객들이 제품에 대한 긍정적인 감정을 느끼도록 유도한다. 향은 말 그대로 공간의 '감각적 시그니처'가 되어 브랜드를 무형적으로 기억에 남게 한다.

소리

소리는 공간의 분위기를 결정짓는 또 다른 중요한 요소다. 빠르고 경쾌한 음악은 사람들을 활기차게 만들고, 느리고 잔잔한 음악은 안정감과 여유를 준다.

공간에서 음향 설계는 고객 경험과 행동에도 큰 영향을 미친다. 패션 매장에서 경쾌한 비트의 음악은 고객들이 쇼핑 중 밝은 에너지를 느끼게 하며, 제품에 대한 충동구매를 유도한다. 반면, 고급 레스토랑에서는 클래식 음악이나 부드러운 재즈가 공간의 품격을 한층 더 높인다.

소리는 브랜드의 이야기를 청각적으로 전달할 수 있는 강력한 도구다. 흥미로운 사례로, 한 럭셔리 브랜드 카 쇼룸에서는 자동차 문이 닫힐 때 나는 묵직한 소리를 강조한다. 이 소리는 소음이 아니라, 브랜드의 고급스러움과 신뢰를 청각적으로 전달하는 디테일이다. 이처럼 소리는 사람들에게 특정한 감정을 느끼게 한다.

맛

맛은 공간 디자인에서 다소 간과되기 쉬운 요소이지만, 친밀한 감각 중 하나다. 입구에 놓인 캔디나 초콜릿, 또는 웰컴 드링크를 건네받고 음미하면서 기분이 좋아진 경험이 있을 것이다. 그것은 고객의 경험을 보다 깊고 풍부하게 하여 깊은 정서적 연결을 만들

디자인이 곧 비즈니스다

기 위한 전략적 디테일이다.

매장에서 제공되는 섬세한 초콜릿 한 조각은 브랜드의 세련됨과 고급스러움을 입안 가득 느끼게 한다. 오피스 로비에서 제공되는 건강한 스낵이나 따뜻한 음료는 방문객들에게 환대와 배려의 메시지를 전달하며, 공간에 대한 첫인상을 긍정적으로 만든다.

향, 소리, 맛은 공간을 감각적으로 풍부하게 만드는 요소다. 그것들은 독립적으로 작용하는 것이 아니라, 시각과 촉각과 결합하여 오감으로서 고객들에게 강렬하고도 잊을 수 없는 경험을 선사한다.

비즈니스 공간에서 향, 소리, 맛, 이 세 가지 요소를 활용하는 브랜드는 공간이 사용자에게 어떤 메시지를 전달하고 싶은지를 보다 분명히 드러낼 수 있다. 향이 공간의 정체성을 감정적으로 각인시키고, 소리가 공간의 리듬을 조율하며, 맛이 고객에게 브랜드의 배려를 느끼게 할 때, 그 공간은 물리적 장소를 넘어선 특별한 경험의 장이 된다.

이솝 매장

이솝Aesop은 향을 통해 브랜드의 철학을 체험하게 만드는 공간이다. 이솝 매장에 들어서는 순간, 진열대에 놓인 제품들보다 먼저 방문자를 맞이하는 것은 상쾌한 아로마 향이다. 이 향은 스트레스를 완화하며, 브랜드가 지향하는 자연과 웰빙의 이미지를 강화한다.

이솝 매장의 가장 큰 특징은 모든 매장이 고유의 향기를 가지고 있다는 점이다. 매장마다 조금씩 다른 향이 공간을 채우고 있지만, 모든 향은 하나의 공통된 메시지를 전달한다. 자연에서 영감을 받은 향은 천연 원료를 사용하는 브랜드 철학을 은은하게 상기시키며, 고객이 공간을 통해 이를 직관적으로 체감할 수 있도록 한다.

바쁜 도시 한가운데 위치한 이솝 매장은 복잡한 일상 속에서 잠시 마음의 여유를 느낄 수 있는 오아시스처럼 느껴진다. 이솝 매장의 향은 고객들을 일상의 스트레스로부터 해방시키며, 브랜드와의 경험을 더 깊이 각인시킨다. 이 향은 브랜드와 공간을 연결 짓는 상징인 것이다.

하드록 카페

하드록 카페Hard Rock Cafe에 들어서는 순간, 귀를 사로잡는 강렬한 록Rock 음악과 벽에 걸린 전설적인 뮤지션들의 소품이 단숨에 방문객의 시선을 끈다. 이곳은 록 음악을 통해 공간 전체에 생동감을 불어넣으며, 하드록 카페만의 독특한 에너지를 전달한다.

매장의 음악은 브랜드의 정체성과 문화를 체험하게 만드는 매개체다. 경쾌한 비트와 힘 있는 멜로디는 방문객들에게 활력을 더하고, 공간에서의 시간을 더 특별하게 만들어 준다. 음악을 통해, 고객들은 하드록 카페가 가진 역사와 문화를 느끼며 공간에 몰입하게 된다. 록 음악의 아이코닉한 명곡이 흘러나올 때, 고객들은 자연스럽게 그 음악과 연결된 추억을 떠올리게 된다. 이는 브랜드와 감정적으로 연결되는 순간을 만들어 낸다. 하드록 카페는 소리를 통해 고객들에게 브랜드의 이야기를 전달하고, 그 순간을 오래도록 기억에 남게 한다.

오울 라운지

서울 포시즌 호텔에 위치한 오울^{OUL} 라운지는 전통과 현대가 어우러진 맛으로 고객과 소통한다. 이곳에서는 익숙한 한국의 식재료를 현대적으로 재해석한 메뉴를 선보이며, 한국적인 감성과 독창성을 경험할 수 있도록 설계되었다.

오울의 상징적인 메뉴 중 하나는 웰컴 안주로 제공되는 '김치 누룽지'다. 한국 가정에서 익숙한 재료를 현대적으로 재해석한 이 음식은 고객들에게 한국 전통과 세련된 미식을 동시에 전한다. 얇은 조각들로 이루어져 있지만, 고객들은 이를 통해 공간의 정체성과 브랜드의 가치를 입안 가득 느낄 수 있다. 이는 외국인 투숙객을 포함한 고객들에게 한국의 전통을 새로운 방식으로 소개한다.

이 '김치 누룽지'는 입맛을 돋우는 웰컴 안주이면서, 공간의 이야기를 미각으로 전달하는 매개체다. 오울은 맛을 통해 공간 디자인의 또 다른 층위를 만들어 내며, 고객들에게 특별한 감각적 기억을 남긴다.

Chapter 13

자연의 선물: 공간을 완성하는 요소들

공간은 그 안에 자연의 요소가 깃들어 있을 때 비로소 생명력을 얻는다. 자연은 인류의 삶과 깊이 얽혀 있으며, 언제나 인간의 존재와 밀접하게 연결되어 왔다. 이는 인간의 감정과 행동에 지대한 영향을 미치며, 우리의 일상 속에서 끊임없이 그 의미를 더해가고 있다. 햇빛, 돌, 물, 바람, 식물, 흙, 불과 같은 자연의 요소는 공간 안에서 사람들에게 생명력을 불어넣고 기억에 남을 경험을 남기고 있다.

햇빛은 공간의 생명을 불어넣는 강력한 자연 요소 중 하나다. 자연광은 인공조명이 결코 흉내 낼 수 없는 따스함과 유기적인 리듬을 준다. 아침의 부드러운 빛은 새로운 시작의 활기를 불어넣고, 오후의 강렬한 빛은 에너지를 전달하며, 저녁의 석양빛은 평온함과 서정적인 감정을 자아낸다.

디자인이 곧 비즈니스다

강원도 원주에 위치한 뮤지엄 산Museum SAN의 워터 가든을 바라보면, 햇빛이 반사되는 물결과 그림자가 시간에 따라 끊임없이 변하며 공간을 살아 있는 작품처럼 느끼게 만든다. 물과 햇빛의 상호작용은 정적이면서도 역동적인 경험을 만들어 낸다. 이러한 경험은 공간을 살아 있는 유기체처럼 느끼게 한다. 햇빛이 물 위에서 만들어 내는 춤추는 듯한 반짝임은 주변의 자연과 바람의 흔들림과 어우러져 하나의 살아 있는 풍경화를 그려낸다.

돌은 시간과 역사, 안정감을 상징한다. 매끄럽고 차가운 대리석은 현대적이고 세련된 감각을, 거친 현무암은 자연적이고 원초적인 감각을 전달한다. 돌의 질감과 형태는 공간에 깊이와 견고함을 더하며, 사용자로 하여금 시간의 흐름과 자연의 위대함을 체감하게 한다.

칠레의 비냐 빅Viña Vik 와이너리 호텔은 돌이 지닌 원초적인 힘과 아름다움을 극대화한 공간이다. 와이너리 앞에 흩어진 거대한 돌들은 주변 자연에서 채취된 것으로 자연 그대로의 질감을 유지하고 있다. 건축물의 유려한 곡선과 대비되는 돌들은 자연의 원초적인 에너지를 드러내며, 방문객은 이를 통해 자연의 손길이 남긴 흔적을 느끼고 공간의 유구한 시간에 몰입하게 된다.

물은 공간을 감각적으로 풍부하게 만드는 요소다. 물이 흐르는 소리는 고요함을 전하고, 반짝이는 수면은 공간에 활력을 불어넣는다. 스페인의 알람브라 궁전Alhambra Palace에서의 물은 공간의 중심적인 역할을 한다. 고요히 흐르는 물길과 빛을 반사하는 수면이 어우러져, 그곳에 머무는 사람들에게 깊은 몰입감을 선사한다.

싱가포르 창이공항 주얼Jewel Changi Airport의 중심에 위치한 세계 최대 실내 폭포인 레인 볼텍스Rain Vortex는 물의 역동성을 극대화하며, 공항이라는 기능적 공간에 자연의 웅장함을 표현하면서도 평온함을 더했다. 물의 흐름과 반사는 현대적인 건축과 조화롭게 어우러져, 공항을 휴식의 장으로 탈바꿈한다. 폭포에서 떨어지는 물줄기의 지속적인 흐름은 주변 공기를 상쾌하게 하며, 여행객들에게 또 하나의 이벤트이자 새로운 여정을 떠날 준비를 위한 심리적 안정감을 준다.

바람은 눈에 보이지 않지만, 공간을 살아 숨 쉬게 한다. 바람의 존재는 공기의 흐름과 공간의 개방감을 느끼게 하며, 사람들에게 자유로움과 유연함을 전달한다. 건축가 렌조 피아노Renzo Piano가 설계한 캘리포니아 아카데미 오브 사이언스California Academy of Science에서는 자연 환기 시스템을 통해 외부의 바람이 내부 공간을 순환하도록 했다. 외부 공기가 피부에 닿을 때의 미세한 변화까지 느낄 수 있어, 방문객들에게 자연 속에 있는 듯한 몰입감을 준다.

식물은 공간에 생명력을 불어넣는 요소다. 푸른 잎사귀와 꽃은 시각적으로 아름다울 뿐만 아니라, 공기를 정화하고, 자연의 리듬을 공간 속으로 끌어들인다. 요즘 플랜테리어와 식물 카페가 사랑받는 이유도 여기에 있다. 식물은 사람들에게 자연과의 연결을 되새기게 하고, 일상의 스트레스에서 벗어날 수 있는 작은 피난처가 되어준다.

흙은 사람들에게 땅과의 연결을 상기시키며, 자연이 주는 안정감과 부드러운 감성을 전달한다. 흙의 질감은 원초적이며, 이는 사람들에게 본능적으로 안락함을 준다. 특히 흙벽돌이나 테라코타* 타일처럼 흙 고유의 색과 온기를 담은 재료는 이러한 자연적인 느낌을 더욱 강조하며, 공간을 더 포근하고 친근한 분위기로 만든다.

불은 따뜻함과 에너지를 상징한다. 야외 공간에서의 모닥불이나 실내 벽난로는 사람들을 자연스럽게 한데 모이게 하며, 따뜻한 온기와 함께 대화와 추억을 나눌 수 있는 아늑한 분위기를 만든다. 촛불을 활용한 조명은 은은한 빛의 흔들림으로 고요하면서도 경건한 분위기를 동시에 전달한다.

구름과 안개는 공간에 신비로움을 더하는 독특한 요소다. 형태가 없고 유동적이기 때문에 공간의 경계를 부드럽게 만들고, 몽환적인 분위기를 자아낸다. 특히 안개는 빛과 결합되었을 때 현실과 초현실 사이를 오가는 듯한 감각을 불러일으킨다. 무대에서 인공 안개를 사용하는 것도 이러한 경험을 극대화하기 위함이다. 싱가포르의 클라우드 포레스트 돔Cloud Forest Dome은 인공 안개 미스트를 활용해 열대 우림의 신비로운 분위기를 재현하여, 관람객들에

---

* 테라코타(Terracotta): 붉은빛이 감도는 구운 점토. 표면의 거친 질감과 은은한 온기로 고대부터 현대까지 건축과 예술에서 널리 사용된다.

게 자연과 교감하는 듯한 몰입감을 준다.

눈과 얼음은 겨울의 차가운 아름다움을 공간에 더한다. 얼음은 투명하거나 반짝이는 표면을 통해 빛을 굴절시키고, 공간에 초현실적인 분위기를 만들어 낸다. 스웨덴의 아이스 호텔Ice Hotel은 얼음과 눈을 주요 건축재료로 사용하여, 방문객들에게 차갑지만 경이로운 감각적 경험을 선사한다. 얼음벽에 빛이 투과하며 만들어내는 빛과 산란은 공간 전체를 마치 동화 속 세상처럼 만들어 준다.

밤하늘의 별빛과 달빛은 공간에 서정적인 감성과 깊이를 더한다. 사막의 고요함 속에서 하늘을 감상할 수 있는 와디 럼 사막Wadi Rum Desert의 야외 숙소는 별과 달의 자연광을 활용해 공간에 신비로움을 부여한다. 인공조명을 최소화한 설계는 밤하늘을 덮은 수천 개의 별과 은은한 달빛이 우주와 연결된 듯한 감각을 경험하게 한다.

마지막으로, 자연의 소리와 향은 공간에 자연의 감정을 덧입히는 요소다. 새벽의 새소리는 새로운 시작을 알리며 희망과 활기를 불어넣고, 빗소리는 고요함과 차분함을, 바람 소리는 자유로움과 생동감을 전달한다. 이러한 소리는 인공적으로도 재현할 수 있으며, 현대의 많은 공간에서 배경음악 대신 자연의 소리를 활용해 사람들에게 더 편안한 경험을 제공하기도 한다. 도심 속의 상업 공간이나 사무실에서 파도 소리나 잔잔한 숲속의 소리를 재생하면, 복잡한 도시의 소음을 차단하고, 사용자들이 더 집중하고 편안하게 느끼는 환경을 조성할 수 있다.

디자인이 곧 비즈니스다

향은 공간을 특별하게 만드는 요소다. 인간의 후각은 가장 직접적으로 기억을 불러일으키는 감각으로, 특정한 향기는 단 몇 초만에 과거의 추억과 연결되거나 공간에 대한 인상을 깊게 남길 수 있다. 솔숲에서 나는 상쾌한 나무 향, 들판의 은은한 풀 냄새, 혹은 갓 내린 비 냄새는 공간을 특별하게 만든다. 이러한 자연의 향기는 감각적으로 기억될 수 있는 경험의 장으로 변모시킨다.

자연은 언제나 인간의 마음에 깊고 오래 잔상을 남긴다. 자연 요소를 공간 디자인에 담아내는 작업은 디자이너의 손끝에서 빚어진 생명력 있는 예술이다. 이 요소들은 브랜드의 가치와 철학을 섬세하게 전달하는 매개체로 사용될 수 있으며, 공간에 머무는 사람들에게 특별한 감각적 경험과 생명의 여운을 선사한다.

뮤지엄 산

강원도 원주의 산자락에 자리한 뮤지엄 산Museum SAN은 자연과 건축의 경계를 허물며, 공간 자체를 하나의 예술 작품처럼 느끼게 한다. 이 미술관은 인위적인 도시적 분위기 대신, 자연의 선율에 따라 형성된 동선을 자랑한다. 입구에서 시작되는 곡선형의 길은 관람객을 천천히 물의 정원으로 안내한다. 잔잔한 수면 위로 비치는 하늘과 주변 산의 풍경은 시간을 따라 변화하며, 공간을 살아 움직이는 듯한 작품으로 만들어 낸다.

물의 정원에서 자연이 주는 여유를 느끼고, 갤러리에서 미술 작품을 감상한 뒤, 건물 안쪽에 자리한 야외 카페에서 자연풍경을 바라보며 잠시 숨을 고른다. 이내 발걸음은 조각품이 전시된 야외 공간으로 이어진다. 자연이 스며드는 산책로 같은 여정에서, 관람객은 실내와 실외를 자연스럽게 넘나들며 공간을 경험하게 된다. 이러한 설계는 '자연 속 미술관'이라는 뮤지엄 산의 정체성을 고스란히 전달한다.

뮤지엄 산의 여정은 명상관에서 마무리된다. 단순하면서도 정갈한 공간인 명상관은 관람객이 자연과 예술, 그리고 자신과의 교감을 내면화할 수 있는 시간을 준다. 조용한 명상관에서의 마지막 순간은 긴 여운을 남기며, 공간 속에서 경험한 감정들을 고스란히 마음에 담아간다.

뮤지엄 산은 자연과 함께하는 공간의 여정 과정 자체를 하나의 작품으로 만들어 낸다. 걷는 동안 관람객은 자연과 건축, 그리고 예술이 어떻게 하나의 서사로 결합되는지를 몸소 느낀다. 자연의 선율에 따라 구성된 동선, 빛과 물이 만들어 내는 역동적인 조화, 그리고 건축과 주변 자연, 예술 작품과의 연결 속에서의 여정은 마치 하나의 거대한 예술 작품 속을 거니는 듯한 경험이 된다. 이는 관람객에게 오래도록 잊지 못할 추억을 남긴다.

디자인이 곧 비즈니스다

뮤지엄 산 Museum SAN (강원도, 한국)

더 현대 서울

더 현대 서울The Hyundai Seoul은 제품에 집중하는 전통적인 백화점 설계에서 벗어나, 도심 속에서 자연과 예술을 동시에 체험할 수 있는 새로운 형식으로 설계되었다. 서울 여의도의 중심부에 자리한 더 현대 서울은 '자연 속의 도시, 도시 속의 자연'이라는 메시지와 함께, 쇼핑이라는 틀에 얽매이지 않으면서 공간을 탐험하는 듯한 경험적인 디자인으로 사람들의 발길을 이끈다.

이곳의 가장 큰 특징은 자연을 품은 공간이다. 넓고 밝은 중앙 아트리움은 5층 높이의 유리 천장을 통해 쏟아지는 자연광으로 채워져 있다. 아트리움 곳곳에는 연못들이 자리하고, 작은 폭포가 이를 이으며 부드럽게 흐른다. 자연광과 물소리는 공간에 역동적이면서도 차분한 생명력을 불어넣는다. 연못, 폭포, 조경, 그리고 자연광은 중앙 아트리움을 중심으로 각각의 층을 잇는 매개체 역할을 한다. 방문객들은 에스컬레이터를 이용하면서도 물길과 조경이 어우러진 풍경을 감사하며, 마치 자연 속을 천천히 거니는 듯한 여유를 즐긴다.

6층에 위치한 '사운즈 포레스트 Sounds Forest' 공간은 더 현대 서울의 핵심 공간이다. 맑은 새소리가 들리는, 숲처럼 조성된 이 공간은 나무와 공원형 가로등, 외부를 연상시키는 바닥의 테라코타 타일 등이 어우러져 자연과 연결된 도심 속 특별한 장소로 만들어 낸다. 사운즈 포레스트는 계절과 이벤트에 따라 새롭게 변화하며, 특히 크리스마스에는 반짝이는 조명과 화려한 장식으로 환상적인 분위기를 연출한다. 방문객들은 이곳에서 사진을 찍으며 추억을 남기고, 특별한 순간들을 기록한다.

더 현대 서울은 도심 속에서도 자연과 함께할 수 있는 여유를 제공한다. 방문객들은 자연 속에서 잠시 멈춰 서며, 바쁜 일상 속에서 심리적 안정을 되찾는다. 이곳에서의 경험은 감각을 깨우는 장소로, 쇼핑 이상의 가치를 남긴다.

이러한 쇼핑 공간의 변화는 현대 소비자들이 공간에서 기대하는 새로운 경험에 대한 응답이다. 소비자들의 마음을 읽는 브랜드들은 앞으로 쇼핑 공간을 더 이상 제품만을 사고파는 장소로만 보지 않을 것이다. 방문객들이 머무르며 감각을 깨우고, 자신만의 이야기를 담아갈 수 있는 공간이 앞으로의 쇼핑 문화로 자리 잡을 것이다.

이처럼 변화하고 있는 공간들은 우리의 도시와 삶에 어떤 또 다른 새로운 가능성을 열어줄까?

더 현대 서울 The Hyundai Seoul (서울, 한국)

Chapter 14

공간과의 상호작용: 인터랙티브 아트의 시대

이제 공간은 살아 숨 쉬는 존재처럼, 우리와 소통하고 반응하며 진화하는 무대가 되고 있다. 기술과 디자인이 융합되면서 공간은 더 이상 고정된 구조물이 아니라, 사용자와 감정을 나누고 경험을 공유하는 동반자로 자리 잡았다.

이 새로운 패러다임의 중심에는 인터랙티브 아트가 있다. 상호 작용적인 예술 작품은 사람들에게 공간의 일부가 되도록 초대한다. 공간에 발을 디디는 순간 바닥이 부드럽게 빛을 내며 퍼지거나, 천장에서 작은 별빛이 반짝이며 사용자의 이동 경로를 따라 움직인다. 이러한 연출은 사람들에게 신선한 경험을 주며, 마치 '내가 이 공간을 움직이고 있다'는 느낌을 안겨준다.

현대의 인터랙티브 공간은 기술과 감각적 경험이 결합된 결과 물이다. 디자이너는 더 이상 정적인 공간만을 설계하지 않는다.

대신, 사람들의 감정, 행동, 심지어 표정에 반응하는 살아 있는 공간을 창조한다.

상호작용 하는 공간은 소비자에게 "좋은 제품이 여기 있다"고 말하는 대신, "이 공간 안에서 우리의 가치를 직접 느껴보라"고 초대한다. 이러한 경험은 단순히 제품을 기억하는 것이 아니라, 브랜드를 느끼고 이해하게 만든다.

특히 비즈니스 공간에서 이러한 인터랙티브 요소는 강력한 도구가 된다. 한 브랜드 여행가방 쇼룸에서 고객이 가방을 끄는 순간, 고객이 그 가방과 함께할 잠재적 여행 장소가 공간 속에 표현된다면 어떨까? 천장, 벽면, 바닥에는 뉴욕, 파리, 서울, 도쿄 등의 랜드마크가 펼쳐지고, 각 도시에 어울리는 배경음악이 흘러나와 마치 그 도시의 거리 한가운데에 서 있는 듯한 생생한 감각을 주는 것이다. 가방의 바퀴를 굴리며 쇼룸 안을 이동하면 가상 여행이 시작되며 주변 풍경이 변화한다. 이러한 경험은 가방이 그저 여행 도구가 아닌, 이야기를 담는 동반자라는 메시지를 전달한다. 고객은 그 짧은 순간 속에서 브랜드와의 특별한 교감을 기억하게 될 것이다.

상호작용 하는 공간의 시대는 이제 시작이다. 디지털 기술과 창의적 디자인이 결합하면서, 공간은 우리가 상상할 수 있는 모든 경험의 캔버스로 변모하고 있다. 이런 공간에서 고객은 소비자에서, 공간을 움직이고 만들어 가는 창조자가 된다.

당신이 방문하는 공간에서, 브랜드 이야기를 함께 만들어 가는 주체가 된다면 어떤 기분일까? 이러한 변화가 우리의 도시와 일상에 어떤 새로운 가능성을 열어줄지 상상해 보라. 공간은 이제, 단순히 머무는 장소가 아닌, 우리가 경험하고 만들어 가는 새로운 세계다.

〈레인 룸〉

랜덤 인터내셔널Random-International의 〈레인 룸Rain Room〉은 물을 소재로 한 인터랙티브 설치미술 작품이다. 관람객의 존재와 움직임에 따라 공간의 환경이 실시간으로 반응하며 변화한다. 끝없이 내리는 빗속에 들어서면, 작품은 관람객의 위치를 센서로 감지하고 그 자리에만 비가 멈춘다.

이는 관람객에게 마치 빗속을 자유롭게 걷는 듯한 비현실적인 경험을 준다. 관람객은 관찰자가 아니라, 공간의 변화를 직접 경험하고 조율하는 능동적 주체로 변모한다. 기술, 예술, 자연 현상이 결합된 레인 룸은 공간이 얼마나 역동적이고 상호작용적일 수 있는지를 보여준다.

이러한 경험은 브랜드 공간에 영감을 제공한다. 인터랙티브 아트* 나

---

* 인터랙티브 아트(Interactive Art): 관람객의 참여나 행동에 따라 실시간으로 반응하는 예술 형태. 기술을 매개로 공간과 관람객 사이에 상호작용을 유도한다.

키네틱 아트 요소[*]는 브랜드와의 깊은 감정적 연결을 만들어 낼 수 있는 잠재력을 지닌다.

〈레인 룸 Rain Room〉 (런던, 영국)

[*] 키네틱 아트(Kinetic Art): 움직임(Kinetics)을 포함한 예술 작품으로, 조형 요소가 물리적으로 움직이거나, 관람객의 참여에 의해 변화하는 특성을 지닌다.

〈오로라〉

필립 비슬리_{Philip Beesley}의 〈오로라_{Aurora}〉는 캐나다 패션 브랜드 시몬스(Simons)의 매장에 설치된 인터랙티브 설치미술 작품이다. 자연의 오로라 현상에서 영감을 받은 이 작품은 수많은 스테인리스 스틸, 아크릴, 유리 용기, 그리고 맞춤형 LED와 센서로 구성되어 있다.

고객이 다가서거나 움직일 때, 〈오로라〉는 마치 생명처럼 호흡하며 빛과 움직임으로 반응한다. 그 순간, 고객은 공간이 자신을 인식하고 받아들이는 듯한 감각에 사로잡히며, 자신이 작품의 일부가 된 것처럼 느낀다.

이는 상호작용적 공간이 사용자 경험을 어떻게 풍부하게 하고, 공간에 생명력을 불어넣는지를 보여준다. 고객이 쇼룸에서 제품을 만지거나 가까이 다가가는 순간, 설치물이 생동감 있게 반응하며 브랜드의 이야기를 전달한다면 어떨까? 그 특별한 상호작용은 고객과 브랜드 사이에 깊은 정서적 유대를 만들어 낼 것이다.

〈오로라 Aurora〉 (앨버타, 캐나다)

BMW 뮤지엄 키네틱 아트

BMW 뮤지엄에 설치된 키네틱 아트는 브랜드의 정체성과 예술의 융합을 통해 구현한 상징적인 작품이다. 714개의 금속 구체가 컴퓨터 제어를 통해 정교하게 움직이며 만들어 내는 유동적인 형상은 마치 살아 숨 쉬는 공간처럼 느껴진다. 자동차의 실루엣을 형상화하거나 유기적인 곡선을 그려내는 과정은 관람객에게 BMW의 혁신적이고 다이내믹한 브랜드 정체성을 생생하게 전달한다.

관람객은 이 움직이는 조각의 패턴과 리듬에 몰입하며, 기술이 만들어 내는 감각적 경험을 통해 BMW의 철학을 이해하게 된다. 기술과 예술이 어떻게 브랜드 메시지를 구체화할 수 있는지를 보여 주는 사례다.

BMW 뮤지엄 키네틱 아트 (뮌헨, 독일)

디자인이 곧 비즈니스다

젠틀몬스터 키네틱 아트

젠틀몬스터Gentle Monster 매장에 들어서는 순간, 고객은 완전히 새로운 세계로 들어가는 듯한 느낌을 받는다. 그 중심에는 브랜드의 철학과 비전을 반영한 키네틱 아트가 자리 잡고 있다. 거대한 키네틱 헤드가 움직이며 고객을 응시하고, 거미 형상의 메커니즘이 매장 곳곳을 누비는 연출은 시각적인 충격이다. 이는 젠틀몬스터가 전달하고자 하는 초현실적이고 혁신적인 이미지를 강렬히 보여준다.

이러한 인터랙티브 설치물은 매장을 쇼핑 공간에서 예술적인 경험의 장으로 만든다. 이는 고객이 브랜드 세계에 몰입하게 하며, 젠틀몬스터의 브랜드 이미지를 더욱 깊게 각인시킨다.

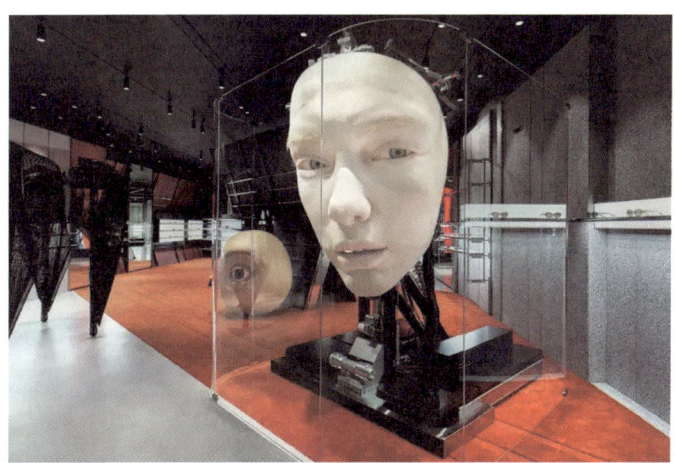

젠틀몬스터의 키네틱 아트

Chapter 15

공간이 전달하는 메시지와 스토리

공간은 그 자체로 메시지를 품고 있으며, 우리와 대화를 나누는 매개체다. 공간에 담긴 스토리는 말이나 글보다 더 직관적으로 사람들의 감정에 스며들고, 기억 속에 각인된다. 이것이 바로 공간 디자인이 브랜드의 정체성과 철학을 전달하는 데 있어 중요한 역할을 하는 이유다.

깊이 있는 공간은 아름답게 보이는 것에 그치지 않고, 사용자에게 강렬한 메시지를 전달한다. 높은 천장과 웅장한 건축 요소는 권위와 위엄을, 따뜻한 조명과 아늑한 레이아웃은 편안함과 환영의 메시지를 전한다. 공간이 어떻게 배치되고, 어떤 재료와 색채가 사용되었는지는 브랜드의 이야기와 가치를 은유적으로 표현하는 도구가 된다.

공간이 전달하는 메시지와 스토리는 비즈니스의 성공에 직접적으로 영향을 미친다. 고객과의 신뢰를 쌓고, 브랜드와의 정서적 연결을 형성하며, 그곳에 머무르는 사람들에게 특별한 경험을 제공하기 때문이다. 예를 들어, 글로벌 기업의 본사 로비에 설치된 커다란 디지털 벽과 기하학적 형태의 요소는 회사의 혁신과 기술력을 보여주는 동시에, 방문객에게 미래 지향적인 이미지를 심어준다. 반대로, 따뜻한 목재 마감과 풍부한 식물, 자연광이 가득한 카페 공간은 방문객에게 친근하고 포용적인 메시지를 전달한다. 공간은 이러한 방식으로 사람들에게 이야기하고, 브랜드와의 감성적 연결 고리를 형성한다.

고객이 브랜드를 처음 접하는 순간, 그들이 만나는 공간은 제품이나 서비스의 품질을 넘어, 브랜드 철학과 가치를 전달한다. 고급스러운 호텔 로비는 세련미와 품격을, 친환경적으로 설계된 오피스는 지속 가능성과 혁신을 이야기한다. 고객은 이 메시지를 무의식적으로 받아들이며, 브랜드에 대한 이미지를 형성한다.

공간이 전달하는 메시지는 종종 비언어적이다. 이는 단순히 말로 설명할 수 없는 본능적인 감정과 연결된다. 그리고 때로는, 하나의 예술 작품처럼 상징적 의미를 담아, 사용자에게 깊은 인상을 남긴다.

공간은 말을 하지 않지만, 그 침묵 속에 강력한 메시지를 담고 있다. 이 메시지를 어떻게 풀어내고 전달할 것인지는 디자이너와 비즈니스 리더의 손에 달려 있다. 공간은 우리가 상상하는 것 이상으로 강력한 스토리텔러이며, 그 가능성은 무궁무진하다.

씨드 캐서드럴

2010년 상하이 엑스포에서 선보인 영국 파빌리온 씨드 캐서드럴 The Seed Cathedral은 공간이 전달하는 메시지와 스토리를 극적으로 표현한 사례다. 이 독창적인 구조물은 자연의 경이로움과 인간의 미래를 연결하는 상징적인 메시지를 담고 있다.

씨드 캐서드럴은 표면에 촘촘히 박힌 약 6만 개의 투명 아크릴 막대들로 이루어진 거대한 큐브 형태의 구조물이다. 각각의 아크릴 막대는 내부에 식물의 씨앗을 품고 있으며, 바람에 따라 흔들리며 움직인다. 이 움직임은 씨앗이 지닌 생명의 잠재력을 시각적으로 드러내며, 공간에 섬세한 생명력을 불어넣는다. 낮에는 자연광이 아크릴 막대를 통해 내부로 스며들고, 밤에는 내부의 조명이 아크릴 막대를 통해 바깥으로 퍼져나가며 마치 빛나는 생명체처럼 보인다. 이는 씨앗이 가진 생명의 기원을 상징적으로 보여주는 동시에, 자연과 인간이 공존하며 미래를 창조할 수 있다는 메시지를 전달한다.

씨드 캐서드럴 내부에 들어서면 방문객은 거대한 씨앗 저장소 속에 있는 듯한 느낌을 받는다. 각 아크릴 막대 끝에 담긴 씨앗들은 생명의 다양성과 지속 가능성에 대한 깊은 사색을 유도한다. 이 공간은 보는 것에 그치지 않고, 방문객들로 하여금 자연과의 연결을 느끼고, 우리 곁에 있는 자연과 생명의 소중함을 일깨워 준다. 이는 미적 아름다움을 넘어선, 공간이 전하는 강력한 철학적 메시지다.

씨드 캐서드럴은 또한 국가의 이미지를 재정의하는 데 성공한 사례로 평가된다. 영국은 이 파빌리온을 통해 첨단 기술, 자연 보호, 그리고 혁신적인 디자인 철학을 융합하여 세계 무대에서의 정체성을 강렬히 표현했다. 씨앗이라는 작은 자연 요소로부터 강력한 메시지를 끌어낸 이 공간은, 비즈니스 공간 또한 물리적 경계를 넘어 사람들의 감정에 깊이 스며드는 이야기의 매개체가 될 수 있음을 보여준다.

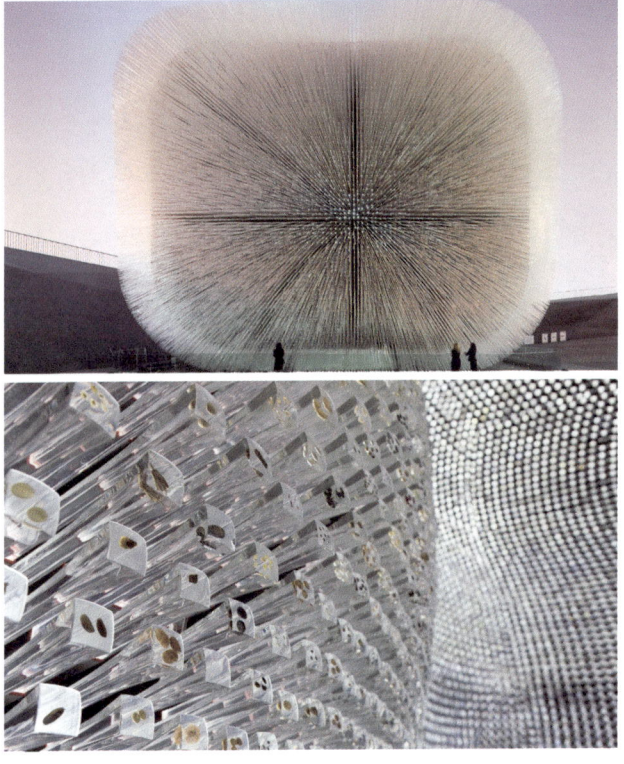

씨드 캐서드럴 The Seed Cathedral (2010년 상하이 엑스포, 중국)

비냐 빅 와이너리 호텔

비냐 빅^{Viña Vik} 와이너리 호텔은 칠레의 대자연과 건축이 만나 하나의 이야기로 풀어낸 공간이다. 호텔 앞의 넓은 공간에 흩어져 있는 거대한 돌들은 칠레 자연의 힘과 시간을 담고 있다. 거칠고 다듬어지지 않은 이 돌들은 지역 자연에서 채취된 것으로, 그 표면에는 세월의 흔적이 고스란히 남아 있다.

호텔의 건축물은 유려한 곡선과 현대적인 형태를 자랑하지만, 이 돌들은 그러한 인간의 설계와 극명한 대조를 이룬다. 돌들이 만들어 내는 무질서한 배치는 자연 그대로의 힘을 상징하며, 이곳에 방문하는 사람들에게 인간의 손길이 닿기 전의 순수한 자연을 체감하게 한다. 돌의 거친 텍스처와 호텔 건물의 매끄러운 금속 표면이 서로 교차하며, 공간 전체가 자연과 인간의 대화를 시각적으로 드러낸다. 빛이 이 표면들에 부딪혀 반사될 때, 돌의 어두운 면은 자연의 묵직한 깊이를, 반사도가 높은 건축물의 면은 인간의 건설적인 에너지를 강조한다.

특히 이 돌들은 시간의 흐름을 상징한다. 돌은 칠레 자연 속에서 수백만 년 동안 형태를 이루어 왔으며, 지금 이곳에 자리 잡아 인간의 개입 속에서 새로운 맥락을 만들어 간다. 방문객들은 이 돌들 사이를 걸으며 자연의 위대함과 인간의 창조성이 함께 공존하는 현장을 경험한다.

비냐 빅 와이너리 호텔은 돌이라는 원초적인 자연 소재를 통해, 자연과 인간의 관계를 이야기하는 하나의 예술 작품으로 다가온다.

비냐 빅 Viña Vik 와이너리 호텔 (칠레)

Chapter 16

시간의 흐름: 공간에서의 변화

공간은 정적이지 않다. 공간은 우리가 머무르는 동안, 그리고 시간이 흐르는 동안 우리와 함께 변화하며 새로운 이야기를 만들어 간다. 시간의 흐름은 때로는 우리가 의식하지 못한 채 감각 깊숙이 스며들며 공간을 더 풍성하게 만든다. 공간을 디자인할 때, 시간이라는 보이지 않는 축을 고려하지 않는다면, 그 공간은 사용자의 경험 속에서 생명을 놓칠지도 모른다.

아침 햇살이 서서히 창문 안으로 스며들며 만들어 내는 빛은 공간에 따스함과 설렘을 불어넣는다. 저녁이 되어 어둠이 천천히 내려앉으면, 노을의 빛과 길어진 그림자는 명상적인 분위기를 만들어 내고, 우리는 하루를 마무리하는 고요를 느끼게 된다. 이렇듯 공간은 하루라는 시간의 흐름 속에서 끊임없이 새로운 모습을 보여준다. 디자이너로서 공간에 이러한 변화를 디자인에 고려하는 것은 사용자에게 지속적인 경험을 선사하는 과정이다.

호텔 로비에서, 낮에는 커다란 창을 통해 쏟아지는 자연광과 싱그러운 식물들이 공간을 활기차고 개방감 있게 만든다면, 밤이 되면 조도를 낮춘 은은한 조명과 따뜻한 색감의 가구가 어우러져 편안하고 고요한 분위기로 변모할 수 있다. 이러한 변화는 방문객이 시간대에 따라 공간을 다르게 경험하도록 한다. 아침에는 신선한 에너지를, 밤에는 아늑한 휴식을.

조명만이 아니다. 바닥재의 텍스처가 하루 중 어느 시간대에 더 따뜻하거나 차가운 느낌을 줄지, 특정 재질이 햇빛 아래에서 어떻게 반짝일지까지 섬세하게 살펴보아야 한다. 이러한 세부적인 설계는 시간의 변화를 포용하며 공간을 더욱 풍성하게 만든다.

시간의 흐름은 하루의 경과만을 의미하지 않는다. 계절의 변화 역시 공간에 감정을 더한다. 여름의 따뜻한 햇빛과 겨울의 차가운 공기는 공간의 온도를 넘어서 그곳에 머무르는 사람들의 기분과 에너지를 변화시킨다. 예컨대, 여름에는 차가운 색조의 커튼이나 가구로 시원함을 느끼게 하고, 겨울에는 따뜻한 톤의 조명이나 포근한 텍스처의 패브릭을 활용해 아늑함을 극대화할 수 있다. 호텔 로비의 꽃 장식이 계절마다 달라지는 것도 이와 같은 맥락이다. 이러한 계절적 변화를 공간에 반영한다면, 사용자는 공간과 끊임없이 새로운 관계를 맺게 된다.

시간이 공간에 감정을 담는 또 다른 방식은 바로 공간이 '노화' 하는 과정이다. 새로 만들어진 공간은 선명하고 날카로운 감각을 전달하지만, 시간이 흐르면서 그 공간에 새로운 이야기가 쌓인다. 목재 바닥에 생기는 사용자의 흔적, 소파의 쿠션이 다소 눌리는 변화, 혹은 햇빛에 색이 바랜 커튼은 공간이 감정적, 역사적 장소로 변모했음을 보여준다. 이때의 공간은 더 이상 처음 설계된 공간이 아닌, 사용자와 시간을 공유한 공간이 된다. 디자이너의 목표는 이러한 시간의 흔적이 자연스럽고 아름답게 나타나도록 미리 공간을 설계하는 것이다.

앞서 〈Part 2. 공간의 무엇이 우리의 감정을 흔드는가?〉에서 소개한 다양한 공간들 중, 우리는 시간의 흐름을 적극적으로 활용한 여러 사례들을 살펴보았다.

하루의 흐름 속에서 하늘의 색감이 변화하는 스카이스페이스부터, 시간이 지나며 점차 산화되어 표면의 색상과 텍스처가 변화하는 데 영 뮤지엄의 파사드, 빛과 그림자가 교차하며 역동적인 장면을 만들어 내는 루브르 아부다비, 계절의 변화를 담아낸 뮤지엄 산의 풍경, 그리고 유리블록과 빛을 통해 시간의 흐름을 담아낸 옵티컬 글라스 하우스까지, 이 모든 사례들은 사용자가 공간과 시간 속에서 새로운 이야기를 만들어 갈 수 있도록 한다. 이러한 시간의 흐름을 고려한 디자인적 사고는 시간과 감정이 교차하는 무대를 만들어 낸다.

공간은 긴 시간의 흐름 속에서 유행의 변화를 겪는다. 10년 전에는 최첨단으로 보였던 디자인이 오늘날에는 낡고 시대착오적으로 보일 수 있다. 하지만 시간을 초월하는 디자인을 목표로 한다면, 트렌드를 따르기보다는 시간의 흐름 속에서도 여전히 그 공간만의 고유한 콘셉트와 디자인 철학을 담아내야 한다. 마치 미술관의 오래된 예술 작품들이 각각의 고유한 이야기를 품고 있는 것처럼 말이다.

공간은 시간과 함께 살아 숨 쉬어야 한다. 하루의 빛, 계절의 변화, 세월의 흔적 속에서 자신만의 이야기를 만들어 갈 수 있는 공간. 그것이야말로 시간의 흐름을 품은 디자인이며, 공간이 우리의 감정을 섬세하게 흔드는 방식 중 하나다.

Chapter 17

기억과 정서: 공간이 남기는 흔적

공간은 우리의 기억과 정서를 담아내는 그릇이며, 시간이 지날수록 사용자의 경험과 감정이 특별한 흔적을 남긴다. 어떤 공간은 기억을 축적하며 깊이를 더해가고, 또 어떤 공간은 새로운 기억을 창출하며 변화를 만들어 낸다.

우리가 어떤 공간을 기억할 때, 단순히 그곳의 형태나 디자인만 기억하는 것이 아니다. 그 공간에서 느꼈던 감정, 머물렀던 사람들, 그리고 공간에 녹아든 시간의 결까지 함께 기억한다.

우리는 이 보이지 않는 흔적을 어떻게 담아낼 것인지 고민해야 한다. 공간이 시간이 지나며 깊이를 더해가도록 할 것인지, 과거를 현대적으로 재해석할 것인지, 혹은 완전히 새로운 기억을 창조해 낼 것인지. 그리고 기억을 다루는 방식은, 공간이 지닌 맥락과 의미에 따라 고유한 접근이 필요하다.

디자인이 곧 비즈니스다

이를 세 가지 사례를 통해 살펴보자. 공간이 과거를 어떻게 품고, 현재를 어떻게 연결하며, 미래를 어떻게 만들어 내는지를.

파리 리츠 칼튼 호텔

어떤 공간은 시간이 흐를수록 더욱 깊이 있는 존재가 된다. 그곳을 거쳐 간 사람들의 이야기와 역사가 공간에 스며들며 특별한 의미를 형성한다. 시간이 만든 무게를 담은 공간은 '머무는 것' 자체가 하나의 경험이 된다.

파리의 리츠 칼튼 호텔Ritz Paris은 샤넬, 헤밍웨이, 프린세스 다이애나 등 수많은 역사적 인물들이 이곳에 머물렀으며, 그들의 이야기가 공간에 남아 있다. 로비를 장식한 초상화와 앤티크 가구, 여전히 빛을 발하는 샹들리에는 이곳을 거쳐 간 사람들의 흔적을 담고 있다. '여기를 거쳐 간 사람들은 어떤 대화를 나누었을까?', '이 공간이 수십 년 전에는 어떤 분위기였을까?'라는 생각이 절로 든다.

리츠 칼튼의 가치는 화려한 디자인이나 럭셔리한 서비스에 있는 것이 아니다. 이곳을 방문하는 사람들은 시간이 만든 깊이를 경험하고 그 역사의 일부가 되는 것을 원한다. 이러한 공간은 현대적인 트렌드와는 다른, 세월이 만든 대체 불가능한 방식으로 '감동'을 제공한다.

파리 리츠 칼튼 호텔 Ritz Paris (파리, 프랑스)

설화수 북촌 플래그십 스토어

어떤 공간은 전통을 그대로 유지하는 것이 아니라, 현대적인 요소
와 결합하여 새로운 가치를 만들어 낸다. 과거를 보존하면서도, 현
재와 연결된 방식으로 재해석된 공간은 오히려 생명력을 얻게 된다.
설화수 북촌 플래그십 스토어는 전통적인 한옥 구조를 바탕으로
현대적인 디자인 요소를 결합하여, 브랜드의 철학을 공간으로 구
현했다. 북촌 한옥의 고즈넉한 멋을 유지하면서도, 유리와 금속, 조
명을 결합해 전통과 현대가 조화를 이루는 공간으로 설계되었다.
왜 설화수는 이곳에, 이런 방식으로 공간을 디자인했을까? 브랜드

디자인이 곧 비즈니스다

철학과 연결해 보면 답이 나온다. 설화수는 한국의 전통 미학을 기반으로 하지만, 전통적인 방식만을 따르는 브랜드가 아니다. 오히려 전통의 가치를 현대적으로 재해석하고, 과거와 현재를 연결하는 브랜드 아이덴티티를 강조한다. 공간 디자인 역시 이 철학을 반영하여, 한옥의 정서를 유지하면서도 현대적인 감각을 보여준다. 이곳을 방문하는 사람들은 화장품을 테스트하면서, 한국적인 아름다움이 현대적으로 해석된 설화수의 브랜드 스토리를 경험한다.

설화수 북촌 플래그십 스토어 (서울, 한국)

뉴욕 하이라인

때로는 공간이 과거의 흔적을 보존하는 것에서 더 나아가, 완전히 새로운 모습으로 재탄생하기도 한다. 기존의 물리적인 형태를 활용하되, 새로운 기능과 경험을 창출하는 것이다.

뉴욕의 하이라인The High Line은 원래 기차가 다니던 낡고 버려진 철길이었다. 만약 철길을 철거하고 공터로 남겨뒀다면, 이 공간은 조용히 역사 속으로 사라졌을 것이다. 하지만 뉴욕시는 이 공간을 도시 속 새로운 공원으로 변신시켰다. 원래의 철도 구조는 그대로 남겨두되, 그 위에 산책로를 만들고, 그 옆으로 꽃과 나무를 심어 자연과 어우러지게 디자인했다. 그 결과, 하이라인은 특별한 의미를 품은 뉴욕을 대표하는 명소가 되었다.

이 공간이 주는 메시지는 분명하다. 과거의 흔적을 지우지 않더라도, 새로운 기능과 가치를 부여해 또 다른 형태로 진화할 수 있다는 것이다. 과거의 산업적 흔적인 철길이 자연과 공존하며 현대적인 도시 공간으로 변화한 과정은 '지속 가능한 도시'라는 개념을 시각적으로 보여주는 사례다. 하이라인은 과거를 지우지 않는다. 하지만 동시에 과거에 머물러 있지도 않다. 새로운 기억과 경험이 쌓이며, 지금 이 순간에도 여전히 변화하고 있는 공간이다.

시간이 지나며 공간에 남겨진 흔적은 현대의 무엇으로 만들 수 없는, 그 자체로서 의미를 갖는다. 시간의 흔적이 새로운 디자인 요소로 승화될 때, 공간은 독특한 정체성과 감정을 형성한다. 진정한 공간 디자인은 이러한 흐름 속에서 사용자와 함께 성장하는 것이다.

디자인이 곧 비즈니스다

하이라인 The High Line (뉴욕, 미국)

지금까지 〈Part 2. 공간의 무엇이 우리의 감정을 흔드는가?〉에서 공간이 품은 열일곱 가지 요소들을 살펴보았다. 이 여정을 통해, 디자이너가 공간을 바라보는 신선한 관점과 섬세한 감성을 함께 경험할 수 있었기를 바란다. 그리고 이 여정이 당신의 삶과 비즈니스에 작은 영감의 씨앗이 되었기를 소망한다.

지금까지 소개한 요소들은 앞으로 이어질 〈Part 3. 브랜드 정체성과 고객 경험을 반영한 공간 전략〉, 그리고 〈Part 4. 선순환 구조를 만드는 업무 공간 전략〉에서 더욱 구체적이고 전략적인 형태로 다루어질 것이다.

Part 3

브랜드 정체성과
고객 경험을 반영한
공간 전략

오늘날의 브랜드는 제품이나 서비스를 제공하는 수준을 넘어, 고객에게 경험을 선사하는 존재로 진화하고 있다. 소비자는 브랜드를 선택할 때 가격이나 품질만을 기준으로 삼지 않는다. 그들은 브랜드의 가치관, 정체성, 그리고 자신과의 정서적 연결을 바탕으로 선택을 내리곤 한다. 이러한 흐름 속에서, 공간 디자인은 브랜드의 얼굴이자 그 정체성을 가장 강렬하게 전달할 수 있는 매개체로 자리 잡고 있다.

브랜드 공간은 브랜드가 세상에 전하고자 하는 메시지를 담아낸다. 잘 설계된 공간은 고객의 눈길을 끄는 것에 그치지 않고, 브랜드의 이야기를 시각적, 정서적, 그리고 경험적으로 전달한다. 이는 고객과 브랜드 사이에 감정적 연결을 형성하고, 그 기억이 오랜 시간 동안 지속되도록 만든다.

브랜드의 정체성을 반영한 공간 디자인은 그저 멋진 외관을 만드는 것이 아니라, "브랜드가 고객에게 어떻게 기억되기를 원하는가"라는 질문에 대한 답을 제시하는 과정이다. 색상, 텍스처, 동선, 조명, 그리고 공간 속 작은 디테일에 이르기까지, 공간의 모든 요소는 고객의 오감을 자극하며 브랜드와의 연결을 강화하는 역할을 한다. 공간은 말을 하지 않지만, 침묵 속에서 강렬한 메시지를 전달할 수 있는 가장 효과적인 커뮤니케이션 수단이다.

공간 디자인은 표면적인 건축이나 인테리어의 차원을 넘어, 브랜드 전략의 핵심이자 성공을 좌우하는 요소다. 이 장을 통해, 브랜드가 공간을 매개로 자신을 가장 잘 표현하고, 고객에게 잊지 못할 경험을 선사할 수 있는 방법을 알아보자.

Chapter 1

브랜드 DNA

브랜드 DNA는 공간 디자인의 시작점이다. 브랜드의 본질을 이해하지 못한 디자인은 그저 장식에 그칠 뿐, 고객의 마음을 움직이는 데 실패할 수밖에 없다. 브랜드가 고객과 어떻게 소통하며, 어떤 가치를 전달하고 싶은지를 공간을 통해 보여주려면, 디자인은 브랜드의 뿌리에서 출발해야 한다. 브랜드 DNA는 단순히 로고나 컬러 팔레트 같은 시각적 요소에 국한되지 않는다. 브랜드 DNA는 브랜드가 지향하는 철학, 비전, 그리고 목표를 모두 포함하는 심층적인 개념이다. 성공적인 공간 디자인은 이 모든 요소를 파악해 물리적 환경에 구현하는 데 있다.

브랜드 DNA를 이해하려면 먼저 본질적인 질문을 던져야 한다. 이 브랜드는 누구인가? 고객에게 무엇을 약속하는가? 브랜드가 제공하는 제품이나 서비스는 고객의 삶에 어떤 영향을 미치는가?

이러한 질문들은 브랜드의 정체성을 형성하는 기본 요소를 정의하는 데 도움을 준다. 예를 들어, 첨단 기술을 기반으로 한 스타트업의 오피스는 혁신과 유연성을 강조하고, 미쉐린 스타 레스토랑은 품격과 섬세함을 강조한다. 공간은 브랜드의 이야기를 전달하는 무대이며, 모든 요소가 그 메시지를 강화해야 한다.

브랜드 DNA를 기반으로 한 공간 디자인은 고객과의 '정서적 연결'을 강화한다. 이는 고객이 브랜드와의 경험을 통해 감동을 느끼도록 만든다. 예를 들어, 럭셔리 패션 브랜드의 매장은 단순히 옷을 진열하는 공간이 아니라, 고객이 그 브랜드의 감성을 온전히 체험할 수 있는 무대여야 한다. 매장의 구조, 형태, 색상, 동선, 텍스처, 조명, 가구, 음악, 그리고 향기에 이르기까지, 모든 요소가 브랜드의 고급스러움과 독창성을 표현해야 한다. 고객이 그 공간에서 느끼는 모든 경험이 브랜드와의 정서적 유대를 더욱 깊게 만들어 주기 때문이다.

공간 디자인이 브랜드 DNA와 일치하지 않을 때, 고객은 혼란을 느낀다. 브랜드가 전달하려는 메시지가 공간과 불일치할 경우, 고객의 신뢰를 잃을 수도 있다. 예를 들어, 친환경 브랜드가 플라스틱과 같은 환경을 고려하지 않은 소재로 가득한 매장을 운영한다면, 고객은 브랜드의 진정성을 의심할 것이다. 반대로, 브랜드 DNA가 깊이 각인된 공간은 고객에게 브랜드에 대한 신뢰를 심어 주고, 충성도를 높이는 데 기여할 것이다.

공간 디자인은 브랜드 DNA를 표현하는 도구이며, 이를 통해 브랜드는 고객과 더 깊은 관계를 맺을 수 있다. 이는 그저 물리적 공간을 채우는 작업이 아니라, 브랜드의 철학과 가치를 공감 가능한 경험으로 바꾸는 과정이다. 공간은 브랜드와 고객이 물리적으로 만나는 첫 번째 접점이며, 성공적인 디자인은 고객에게 브랜드가 어떤 존재인지를 강렬하게 각인시키는 것이다.

브랜드 DNA는 공간 디자인의 방향성을 제공하는 나침반이다. 이 나침반은 디자인의 모든 결정에 가이드라인을 제공한다. 공간의 배치, 재료의 선택, 색상과 조명, 디테일한 마감 처리까지 모든 것이 브랜드의 정체성과 연결되어야 한다. 이렇게 디자인된 공간은 아름다움과 기능성을 갖추는 것을 넘어, 브랜드의 이야기를 전달하는 강력한 수단이 된다. 브랜드 DNA를 이해하고 이를 디자인에 녹여내는 것은 브랜드와 고객이 함께 만들어 갈 이야기를 준비하는 과정이다.

당신의 브랜드는 고객의 기억 속에서 어떤 공간으로 남아 있는가? 고객이 떠올리는 '브랜드의 세계'는 어떤 모습인가? 공간이 브랜드를 제대로 말할 수 있도록, 디자인의 시작점에서 브랜드 DNA를 고민해 보자.

디자인이 곧 비즈니스다

Chapter 2

브랜드 메시지

 브랜드는 제품이나 서비스가 아니다. 그것은 철학이며, 가치이고, 고객과 관계를 맺는 하나의 세계관이다. 그러나 브랜드의 철학과 가치가 아무리 훌륭하더라도, 그것이 고객에게 효과적으로 전달되지 않는다면 그 힘은 반감된다. 그렇다면 브랜드는 고객과 어떻게 소통해야 할까?

 그 답은 공간에 있다. 브랜드가 가장 강렬하게 메시지를 전달할 수 있는 방법 중 하나는 '공간'을 통해 말하는 것이다. 공간은 브랜드의 무언의 언어다. 고객이 브랜드의 메시지를 의식적으로 인식하기도 전에, 공간은 이미 브랜드의 철학을 이야기하고 있다. 좋은 공간 디자인은 브랜드의 아이덴티티를 오감을 통해 자연스럽게 전달하며, 고객이 직접 브랜드를 '경험'하도록 만든다. 브랜드는 말하지 않아도, 대신 공간이 말한다.

브랜드는 '무엇을' 말하느냐보다, '어떻게' 말하느냐가 중요하다. 우리가 일상에서 누군가와 대화를 나눌 때, 단순히 말의 내용만 듣는 것이 아니라 목소리의 톤, 표정, 몸짓을 함께 받아들이는 것처럼, 브랜드도 단순히 메시지를 전달하는 것만으로는 충분하지 않다. 브랜드의 가치와 철학이 고객에게 진정성 있게 와닿으려면, 그것이 어떤 방식으로 표현되고 경험되는지가 중요하다.

고객은 매장에 들어서는 순간, 그 브랜드가 어떤 브랜드인지 본능적으로 느낀다. 색감이 따뜻한지 차가운지, 조명이 밝은지 어두운지, 가구가 부드러운 곡선인지 날카로운 직선인지. 그리고 배경음악은 활기찬지 차분한지, 공간에서 나는 향이 어떤 분위기를 만들어 내는지. 브랜드가 고객에게 전하고 싶은 이야기는 이미 그 모든 요소에 스며 있다.

사람들은 공간에서 무의식적으로 많은 정보를 받아들인다. 우리가 특정한 장소에 들어섰을 때, 그곳이 어떤 분위기를 풍기는지, 어떤 감정을 유도하는지를 따로 설명하지 않아도 본능적으로 느낀다. 고급 레스토랑의 은은한 조명과 촉감 좋은 가죽 의자는 '이곳이 품격 있는 경험을 제공하는 공간'임을 암묵적으로 전달한다. 반면, 공장 같은 조명과 허술한 가구가 배치된 공간에서는 브랜드가 아무리 고급스러움을 강조하려 해도 그 메시지는 힘을 잃고 만다.

브랜드의 철학과 가치는 공간 속에 자연스럽게 스며들어야 한다. 브랜드가 고객과 어떤 방식으로 소통하고 싶은지, 고객이 공

디자인이 곧 비즈니스다

간에서 어떤 감정을 느끼기를 원하는지는 디자인을 통해 이루어진다.

애플 스토어를 떠올려 보자. 애플은 '혁신'과 '사용자 중심 경험'을 브랜드의 핵심 가치로 삼는다. 애플 스토어는 이를 증명하는 공간이다. 매장은 탁 트인 개방적인 구조로 설계되어 있으며, 투명한 유리 벽과 간결하고 체계적으로 배열된 가구와 디스플레이, 그리고 따뜻한 자연광은 이를 더욱 부각한다. 고객은 제품을 직접 만지고 테스트할 수 있으며, 직원과의 대화도 고객 중심적인 방식으로 이루어진다. 매장에 들어서는 순간, 고객은 브랜드의 메시지를 경험하게 된다. 애플이 '혁신적인 브랜드'라는 것을 이해하는 데 긴 설명은 필요 없다.

Chapter 3

첫인상의 힘

첫인상은 모든 관계의 시작점이다. 첫인상은 단지 몇 초 만에 형성되지만, 이 짧은 순간이 고객과 브랜드 사이의 관계를 결정짓는 중요한 역할을 한다. 첫인상이란 공간에 발을 디딘 첫 순간의 시각적 강렬함을 넘어, 공간의 분위기, 공기의 온도, 향기, 소리, 촉감, 그리고 그곳에 머무르는 사람들의 태도까지 모든 감각적 요소가 어우러져 고객의 감정을 움직이는 포괄적인 경험이다. 그렇기에 첫인상을 설계하는 과정은 눈에 보이는 디자인 요소를 배열하는 작업이 아닌, 브랜드의 정체성과 가치를 직관적으로 전달하는 과정이다.

고객이 매장에 들어서는 순간, 문을 여는 소리와 함께 감미로운 음악이 들려오고, 세련된 조명이 부드럽게 공간을 감싸며, 은은한 향기가 코끝을 스친다. 바닥의 질감과 손잡이의 감촉은 부드러우면서도 고급스러움을 전한다. 이 모든 요소가 조화를 이루는 순간, 고객은 자신이 특별한 곳에 있다는 느낌을 받는다. 첫인상의 힘은 바로 이러한 경험에서 나온다. 고객은 그 첫 순간에 공간이 전하는 이야기를 느끼고, 브랜드에 대한 호감과 신뢰를 형성한다.

첫인상을 설계할 때 중요한 것은 고객의 감각과 심리를 깊이 이해하는 것이다. 예를 들어, 고급 호텔 로비는 웅장한 샹들리에와 대리석 바닥으로 고객에게 품격과 안정감을 전달한다. 반면, 창의적인 스타트업 오피스의 입구는 활기찬 컬러와 자유로운 레이아웃으로 혁신과 에너지를 보여준다. 한 레스토랑 입구에서 들려오는 부드러운 재즈 음악과 촛불 조명은 로맨틱한 저녁 식사를 기대하게 만든다. 반면, 분주한 카페의 경쾌한 음악과 활기찬 동선은 고객에게 밝은 에너지를 불어넣는다.

한번 형성된 첫인상은 쉽게 사라지지 않는다. 매장의 문턱을 넘는 순간 느낀 감정이 긍정적이라면, 고객은 더 깊이 탐험하고 싶어질 것이고, 그 공간을 다시 찾고 싶다는 욕구를 느낄 것이다. 그러나 첫인상이 부정적이라면, 고객은 빠르게 등을 돌리고 떠날 가능성이 크다. 이는 공간 디자인의 실패로 끝나는 것이 아니라, 브랜드에 대한 실망감을 안겨주고 신뢰를 잃을 수도 있다.

첫인상은 공간을 설계하는 디자이너에게도, 이를 운영하는 비즈니스 리더에게도 강력한 도구다. 첫 만남에서 고객이 느낄 감정을 미리 예측하고, 이를 디자인에 녹여내는 과정은 디자인 전략이다. 고객이 브랜드의 첫인상을 긍정적으로 받아들인다면, 그들은 브랜드와의 더 깊은 관계를 시작할 준비가 된 것이다.

결국, 공간의 첫인상은 브랜드와 고객이 시작하는 첫 대화다. 이 대화가 고객에게 어떤 인상을 남길지는 오롯이 당신의 선택에 달려 있다. 브랜드와 고객의 첫 만남을 어떻게 디자인할 것인지, 그 몇 초의 순간이 브랜드와 고객의 관계를 평생 동안 지속시킬 수도 있다.

Chapter 4

공간에서 브랜드를 경험하다

그렇다면, 브랜드 메시지를 효과적으로 전달하기 위해 공간은 어떻게 설계되어야 할까? 이는 단순히 미적 요소들을 배치하는 것이 아니라, 브랜드가 고객과 어떤 방식으로 소통할 것인지에 대한 깊이 있는 고민에서 출발해야 한다.

우리는 〈Part 2. 공간의 무엇이 우리의 감정을 흔드는가?〉에서 공간의 다양한 요소들이 사람의 감정을 어떻게 움직이고 그 속에서 정서적 연결이 이루어지는지를 살펴보았다. 브랜드가 공간과 만나면, 색채, 조명, 텍스처, 형태, 구조, 동선, 스케일, 소리, 향과 같은 요소들은 브랜드의 철학과 가치를 전달하는 매개체가 된다. 이제는 이 요소들을 브랜드 관점에서, 브랜드 메시지를 전달하는 도구로 작용하는 방식을 들여다볼 차례다.

브랜드가 말하지 않아도 공간은 스스로 이야기한다. 그렇다면,

그 이야기는 어떻게 시작되고 완성되는가? 지금부터 브랜드 경험을 완성하는 일곱 가지 공간 전략을 하나씩 살펴보자.

전략 1. 색채와 조명 활용하기
– 브랜드의 분위기를 형성하다

색채는 브랜드가 가진 감성을 직관적으로 전달한다. 색채의 힘은 브랜드 정체성을 더욱 선명하게 만들어 주고, 공간 속에서 브랜드 메시지를 경험하게 한다. 티파니 블루를 보면 주얼리가 떠오르고, 에르메스 오렌지를 보면 고급스러운 가죽이 연상되는 것처럼, 색은 브랜드를 각인시키는 강렬한 도구다. 공간 속에 스며든 컬러는 고객이 브랜드를 어떻게 느끼고 경험할지를 결정하며, 때로는 말보다 더 강한 메시지를 전달한다. 브랜드의 색은 그냥 만들어지는 것이 아니다. 그 안에는 역사와 가치, 그리고 철학이 담겨 있다.

티파니 Tiffany & Co. 는 브랜드 정체성을 '티파니 블루'라는 색 하나로 각인시켰다. 1845년, 티파니는 최초의 주얼리 카탈로그 《블루북 Blue Book》을 발행하며 이 청록색을 사용했고, 이후 티파니 블루는 브랜드를 상징하는 고유의 컬러가 되었다. 맑고 청명하면서도 은은한 세련미를 지닌 이 색은 보는 이의 마음을 차분하게 하면서도 설렘을 자아낸다. 매장 인테리어에서도 티파니 블루를 적극 활

디자인이 곧 비즈니스다

용해 고객이 공간 속에서 브랜드를 직관적으로 느낄 수 있다. 마치 중요한 순간에 꺼내는 작은 블루 박스처럼, 색 하나가 기억을 열고 감정을 흔들며 브랜드에 대한 특별한 인식을 만들어 낸다. 색상 하나만으로 브랜드를 인식할 수 있게 만드는 대표적인 사례다.

에르메스Hermès의 오렌지 컬러 역시 브랜드 아이덴티티를 강화하는 요소다. 원래 에르메스의 패키지는 크림색이었으나, 2차 세계대전 당시 크림색 박스를 생산할 수 없게 되면서 재고로 남아 있던 오렌지색 박스를 사용하기 시작했다. 이 우연한 선택이 점차 브랜드의 상징이 되었고, 지금은 에르메스를 대표하는 컬러로 자리 잡았다. 현재 에르메스의 매장에서도 오렌지 컬러를 곳곳에서 찾아볼 수 있으며, 이 색은 브랜드의 주요 소재인 가죽을 연상시키면서 자연스럽게 전통과 장인 정신을 드러낸다. 매장에서는 이러한 브랜드 감성을 극대화하기 위해, 따뜻한 톤의 조명을 사용하며 공간 전체에 고급스럽고 아늑한 분위기를 연출한다.

샤넬Chanel은 브랜드 컬러로 블랙과 화이트의 대비를 선택했다. 이는 절제된 우아함과 타임리스한 클래식함을 상징하며, 매장 인테리어에서도 이러한 색채 전략이 적용된다. 샤넬 부티크는 검은색 가구와 유광 화이트 마감재를 조합하여 모던하면서도 세련된 이미지를 강조한다. 조명 역시 직선적인 조도를 활용해 제품에 시선을 집중시킨다. 샤넬은 블랙 & 화이트의 극적인 대비 조합을 통해 불필요한 장식 없이도 우아함을 유지할 수 있다는 브랜드 철학을 공간 속에서 구현하고 있다.

스타벅스Starbucks는 브랜드 컬러로 초록색을 사용한다. 초록색은 자연, 평온함, 편안함을 상징하며, 이는 스타벅스가 일반적인 커피숍이 아니라 '머물고 싶은 공간'을 지향하는 브랜드라는 것을 보여준다. 매장 내부는 그레이 톤과 우드 톤을 조화롭게 사용하고, 따뜻한 톤의 조명을 더해 '제3의 공간'이라는 브랜드 철학을 강화한다. 조명은 너무 밝지도, 너무 어둡지도 않게 설계하여, 고객이 노트북을 사용하거나 책을 읽을 때도 부담 없이 머물 수 있도록 한다.

코카콜라Coca-cola는 강렬한 빨간색을 브랜드 컬러로 사용해, 열정, 에너지, 즐거움을 상징한다. 브랜드 팝업 공간에서도 빨간색을 적극적으로 활용하여, 고객이 '활력 넘치는 브랜드'로 느끼도록 한다. 특히, 크리스마스 시즌과의 연결은 인상적이다. 빨간색 옷을 입은 산타클로스와 반짝이는 조명, 가족이 함께하는 따뜻한 순간들이 코카콜라의 브랜드 이미지와 자연스럽게 맞물리며, 크리스마스를 '코카콜라와 함께하는 행복한 시간'으로 기억하게 만든다.

이케아IKEA는 파란색과 노란색을 브랜드 컬러로 활용하여, 신뢰와 실용성, 밝고 친근한 브랜드 철학을 반영한다. 파란색은 신뢰와 안정감을 주고, 노란색은 따뜻하고 친근한 느낌을 준다. 매

---

* 제3의 공간: 가정(제1의 공간)과 직장(제2의 공간)을 제외한 세 번째로 편안하게 머물 수 있는 장소를 의미한다. 사회적 교류와 휴식을 위한 공간으로, 사람들이 자유롭게 대화하고 여유를 즐기며 커뮤니티를 형성할 수 있는 장소다. 스타벅스는 이러한 제3의 공간 개념을 매장 디자인에 적용하여 고객에게 머물고 싶은 편안한 분위기를 제공하고 있다.

디자인이 곧 비즈니스다

장 조명은 고객이 실제 집에서 사용하는 것처럼 자연광에 가깝도록 설계되었으며, 친환경 LED 조명을 적극 활용해 브랜드의 지속 가능성 철학을 반영한다.

테크 브랜드는 주로 화이트, 블루, 실버 계열을 사용해 기술의 혁신성과 신뢰감을 전달한다. 삼성Samsung은 블루를 강조하여 신뢰와 기술력을 상징하며, 조명은 차가운 화이트 톤을 활용해 미래 지향적인 이미지를 형성한다. 애플Apple은 크리스털 화이트 색상과 미니멀한 조명 연출을 통해 직관적인 사용자 경험과 세련된 브랜드 철학을 강조한다. 매장 내 조명은 '정확한 색을 보여주는 것'이 가장 중요하기 때문에, 디스플레이 제품이 최대한 자연스럽게 보이도록 균일한 조도를 유지한다.

스포츠 브랜드는 블랙 & 모노톤을 활용해 힘 있고 강렬한 분위기를 연출한다. 나이키Nike는 블랙 컬러에 대비되는 채도 높은 컬러나 네온 컬러를 활용하고, 강한 LED 조명을 활용해 '퍼포먼스와 역동성'을 강조한다. 신발과 의류가 더욱 돋보일 수 있도록, 특정 상품에 스포트라이트 효과를 주는 조명을 활용하기도 한다.

이처럼 색채와 조명은 브랜드 메시지를 전달하는 중요한 전략적 도구다. 브랜드가 고객과 소통하는 방식을 고민할 때, 어떤 색이 브랜드의 아이덴티티를 가장 잘 표현할 수 있을까? 어떤 조명이 공간의 분위기를 극대화하고, 브랜드의 감성을 완성할 수 있을까? 라는 질문이 고려되어야 하는 이유다.

전략 2. 텍스처와 재질 선택하기
– 브랜드의 감촉을 경험하다

손끝에서 느껴지는 질감은 브랜드의 정체성을 더욱 생생하게 전달한다. 사람들은 무의식적으로 표면을 만지고, 다양한 재질의 질감을 느끼며 브랜드를 더욱 깊이 경험한다. 브랜드가 '어떤 재질을 선택하는가'는 고객에게 브랜드의 철학과 감성을 전달하는 또 하나의 중요한 방식이다.

부드러운 가죽, 견고한 대리석, 포근한 패브릭, 차가운 금속, 따뜻한 원목, 거친 콘크리트 등 각 재질은 고유한 촉감을 가지고 있으며, 이러한 질감의 조합은 브랜드가 어떤 가치를 지향하는지를 감각적으로 표현한다. 브랜드 공간에서 텍스처와 재질이 중요한 이유는 촉각적 경험이 브랜드의 메시지를 더욱 선명하게 각인시키기 때문이다. 고객이 단순히 제품을 구매하는 것이 아니라, 브랜드가 제공하는 감각적 경험을 온전히 체험할 수 있도록 만드는 것, 그것이 바로 텍스처가 브랜드 공간에서 차별화된 가치를 가지는 이유다.

샤넬Chanel의 브랜드 아이덴티티를 이야기할 때, '트위드' 소재를 빼놓을 수 없다. 샤넬의 트위드 재킷은 브랜드를 대표하는 아이코닉한 패션 아이템이며, 그 촉감 자체가 브랜드의 유산과 정체성을 상징한다. 이러한 트위드는 샤넬의 매장 인테리어에서도 활용된다. 샤넬 부티크의 벽면과 가구의 마감재로 트위드 패턴이 적용되고, 제품을 진열하는 쇼케이스에서도 텍스처를 강조한 패브

디자인이 곧 비즈니스다

릭이 사용된다. 여기에 광택이 나는 대리석과 금속 디테일을 조합하여 브랜드 특유의 럭셔리하면서도 절제된 분위기를 연출한다. 샤넬의 공간에서는 시각적인 아름다움과 더불어, 손끝으로 전해지는 감촉까지도 브랜드 경험의 일부가 된다.

　루이 비통Louis Vuitton의 매장에서는 가죽과 원목이 주요 재질로 사용된다. 브랜드의 뿌리가 고급 트렁크 제작에서 시작된 만큼, 매장 내부에서도 이러한 장인 정신이 그대로 반영된다. 벽면에는 매트한 가죽 패널을 적용해 고급스러운 촉감을 강조하고, 진열장과 디스플레이 공간에는 광택이 있는 고급 목재를 활용해 제품의 품격을 한층 더 돋보이게 만든다. 루이 비통이 지닌 유구한 헤리티지와 고급스러운 감성을 자연스럽게 경험할 수 있도록 설계된 것이다.

　구찌Gucci는 브랜드 특유의 대담하고 고풍스러운 감성을 인테리어에서도 적극적으로 반영한다. 구찌 매장에서는 다채로운 컬러의 벨벳 소재를 활용해 따뜻하면서도 고급스러운 분위기를 연출한다. 벽면과 쇼케이스에는 클래식한 결이 돋보이는 대리석과 황동 디테일을 더해 빈티지하면서도 세련된 무드를 준다. 가구와 바닥재, 벽지에는 시대를 초월하는 장인 정신을 상징하는 복고풍 패턴들이 자리 잡아 브랜드의 아이덴티티를 더욱 강조한다. 이처럼 구찌 매장의 텍스처는 브랜드가 추구하는 예술성과 역사적 깊이를 촉각적으로 공간에 녹여낸다.

　무인양품MUJI은 브랜드의 철학을 심플함과 자연 친화적인 삶으로 정의하며, 이러한 철학을 매장 인테리어에서도 그대로 구현한다. 매장의 가구와 벽 마감에는 원목, 리넨, 종이 소재가 사용되며, 가공되지 않은 거친 텍스처를 그대로 살려 자연스러움을 강조한다. 광택이 없는 목재 가구, 따뜻한 감촉의 면과 리넨 패브릭, 재활용 가능한 종이 소재를 활용해 브랜드의 지속 가능성을 직관적으로 보여준다. 이러한 디자인 방식은 '소박하지만 본질적인 가치'를 중시하는 브랜드 메시지를 고객에게 전달한다.

아웃도어 브랜드 파타고니아Patagonia는 환경 보호와 지속 가능성을 브랜드의 핵심 가치로 삼는다. 매장의 주요 소재로 재활용 목재, 헴프(대마 섬유), 천연 석재 등 친환경적인 자재를 선택한다. 벽면과 선반은 업사이클링한 목재로 제작되며, 마감 처리를 최소화하여 자연 그대로의 질감을 살린다. 쇼핑백과 진열대도 100% 재활용 가능한 소재로 만들어져 브랜드의 지속 가능성 철학을 강조한다. 이처럼 파타고니아는 재질 선택만으로도 브랜드의 철학과 메시지를 고객에게 강력하게 전달할 수 있음을 보여준다.

고객이 매장에서 제품을 만지고, 벽면을 스쳐 지나가며, 가구에 손을 얹을 때마다 브랜드가 전달하고자 하는 정체성과 철학은 감각적으로 전달된다. 브랜드가 고객과 소통하는 방식을 고민할 때, 당신은 어떤 촉감을 고객에게 전달할 것인가? 어떤 재질을 사용해 브랜드의 감성을 극대화할 것인가? 촉각적 경험이 곧 브랜드 경험이다. 이를 통해 브랜드의 감성을 극대화할 수 있는 방법을 고민하는 것이, 차별화된 브랜드 공간을 만드는 첫걸음이 될 것이다.

디자인이 곧 비즈니스다

전략 3. 동선과 공간의 흐름 조율하기
– 브랜드와의 상호작용을 디자인하다

우리는 공간을 걸으며 탐색하고, 머물며 경험하고, 지나가며 기억한다. 이 모든 과정에서 우리의 움직임을 이끄는 것은 다름 아닌 '동선'이다. 공간을 구성하는 벽과 가구, 조명과 오브제들이 어떻게 배치되어 있는지에 따라 우리의 발걸음은 자연스럽게 흘러간다. 그리고 그 흐름 속에서 브랜드는 '이해하려고 하는 것'이 아니라 '느끼는 것'이 된다.

매장 안에서의 작은 이동 하나에도 의도가 담겨 있다. 잘 설계된 동선은 브랜드 철학과 유기적으로 연결되며, 고객이 직관적으로 브랜드가 전달하고자 하는 메시지를 경험할 수 있도록 한다. 반면, 흐름이 단절되거나 불편하게 설계된 공간에서는 사용자가 무의식적으로 불편함을 느끼고, 브랜드에 대한 인상도 흐트러진다. 결국, 동선은 단순히 이동하는 길이 아니라, 브랜드의 정체성을 전달하는 보이지 않는 언어가 된다.

공간의 흐름은 브랜드가 전달하고자 하는 가치에 따라 달라진다. 미니멀리즘을 추구하는 브랜드라면 직선적인 구조와 여백을 강조한 동선으로 간결함과 정돈된 감성을 전달할 수 있다. 반면, 깊이를 강조하는 브랜드라면 공간을 탐험하듯 이동하며 브랜드의 세계를 발견할 수 있도록 동선을 계획하는 것이 효과적일 수 있다. 브랜드의 철학이 동선으로 전달되는 방식을 다양한 사례로 살펴보자.

애플^{Apple} 매장을 방문하면, 우리는 어디로 가야 하는지 고민할 필요가 없다. 매장 안에는 명확한 동선을 가르는 벽이나 진열대가 거의 없다. 모든 공간이 오픈되어 있으며, 누구나 자유롭게 이동하면서 제품을 직접 체험할 수 있도록 설계되었다. 이 동선 설계는 애플이 중요하게 생각하는 '개방성'과 '직관성'을 반영한다. 매장의 직원들도 특정한 카운터에 머물러 있는 것이 아니라 공간 속을 자유롭게 이동하며 고객과 소통한다. 애플이 단순히 제품을 판매하는 브랜드가 아니라, '혁신적인 경험을 제공하는 브랜드'라는 메시지를 자연스럽게 전달한다.

반면, 이케아^{IKEA}의 매장에 들어가면 출구를 바로 찾을 수 없다. 고객들은 미로처럼 얽힌 동선을 따라 이동하며, 브랜드가 제안하는 다양한 라이프스타일을 차례대로 경험하게 된다. 거실, 침실, 주방 등 실생활을 반영한 인테리어 구성을 지나며, 고객들은 예상치 못한 제품을 발견하고 점점 브랜드의 세계 속으로 빠져든다. 이케아의 동선 전략은 단순히 가구를 판매하는 것이 아니라, 고객이 브랜드가 제안하는 '생활 방식'을 체험하도록 유도하는 데 있다. 고객이 머무르는 시간이 길어질수록 브랜드 세계의 경험이 강렬해지고, 이는 결국 충동적인 구매까지 연결되는 효과를 만든다.

브랜드가 고객과 맺는 관계는 공간에서 머무르는 시간과도 깊이 연관된다. 어떤 공간은 오래 머물수록 브랜드에 대한 애착이 깊어지지만, 어떤 공간은 빠르게 이동하도록 유도해야 더 효과적

디자인이 곧 비즈니스다

이다. 공간의 흐름을 조절하는 방식에 따라 브랜드의 인상은 달라진다.

스타벅스Starbucks의 공간은 고객이 오래 머물며 여유를 즐길 수 있도록 설계되었다. 좌석 간의 간격이 넉넉하고, 조명은 부드럽고 따뜻하며, 테이블과 의자도 편안하다. 매장 내부의 동선은 바쁘게 움직이기보다는, 자연스럽고 느긋하게 머무를 수 있도록 여유 있게 짜여 있다. 고객들은 자연스럽게 공간에 오래 머물며 브랜드가 전달하는 '제3의 공간'이라는 콘셉트를 체험하게 된다.

반면, 맥도날드McDonald's는 빠른 회전율을 중요하게 여긴다. 매장 내 좌석은 다소 딱딱하고, 테이블 간격은 좁다. 조명은 밝고 선명하며, 음악도 경쾌한 리듬으로 고객의 움직임을 빠르게 유도한다. 고객이 오래 머물 필요 없이 빠르게 식사를 마치고 떠나도록 동선이 설계된 것이다. 즉, 스타벅스가 '편안한 공간'을 제공하는 브랜드라면, 맥도날드는 '효율적인 공간'을 제공하는 브랜드임을 공간의 흐름을 통해 명확히 드러난다.

오늘날의 브랜드는 제품 판매 이상의 가치로, 고객이 브랜드를 경험하고 체험할 수 있도록 설계하는 것이 중요해졌다. 이제는 공간에 브랜드와 고객이 직접 상호작용 할 수 있는 요소들을 담아야 할 시대다.

나이키Nike의 플래그십 스토어는 제품만을 진열해 놓지 않는다. 고객이 직접 러닝 트랙을 뛰어보고, 농구 코트에서 슈팅을 해보며, 제품을 테스트할 수 있도록 설계되었다. 뉴욕 5번가에 위치한

'House of Innovation NYC/000' 매장에서는 러닝 트랙뿐만 아니라 AI 분석을 통해 러너의 발걸음과 자세를 측정하는 공간도 마련되어 있다. 고객들은 동선을 따라 이동하며 나이키가 강조하는 '스포츠 정신'과 'Just Do It'이라는 메시지를 몸으로 직접 경험하게 된다.

루이 비통Louis Vuitton의 플래그십 스토어에 들어서면, 고객은 브랜드의 세계관을 체험하는 여정을 시작하게 된다. 매장의 동선은 오픈된 구조이지만, 제품들이 하나의 이야기처럼 배열되어 있다. 고객은 특정 공간을 통과하면서 가죽 제품, 의류, 액세서리 등 컬렉션을 단계적으로 경험하게 된다. 특히, 파리 샹젤리제 플래그십 스토어에는 브랜드의 역사적인 여행 트렁크가 전시되어 있어, 고객들은 공간을 이동하면서 자연스럽게 루이 비통의 '여행과 탐험'이라는 아이덴티티를 체험하게 된다.

잘 설계된 동선은 고객이 브랜드의 철학을 경험하도록 만든다. 고객이 어디에서 멈추고, 무엇을 바라보고, 어디로 이동하는지에 따라 브랜드가 전달하는 이야기는 완전히 달라질 수 있다. 럭셔리 브랜드는 고객이 천천히 경험하도록, 패스트패션 브랜드는 빠르게 탐색하도록, 라이프스타일 브랜드는 고객이 자연스럽게 몰입하도록 동선을 조율한다.

브랜드가 전달하고자 하는 메시지가 있다면, 그 메시지를 '공간의 흐름' 속에 자연스럽게 녹여내는 것이 중요하다. 고객이 무의식적으로 브랜드가 의도한 동선을 따라가면서도, 그것을 인지하지 못하는 상태가 가장 이상적인 설계다.

그렇다면, 브랜드의 메시지가 전달되도록 공간의 리듬을 어떻게 조율할 것인가? 고객이 브랜드가 제안하는 여정을 경험하도록 어떤 요소를 고려할 것인가? 이러한 질문들을 풀어가는 과정에서, 브랜드가 말하지 않아도 공간의 흐름 속에 스며드는 메시지를 설계하고, 고객에게 특별한 여정을 선사할 것이다.

전략 4. 공간의 형태와 구조, 배치 최적화하기
– 브랜드의 세계관을 형성하다

공간은 단순히 무언가를 담는 그릇이 아니다. 그것은 브랜드가 세상을 바라보는 방식, 고객과 관계를 맺는 태도, 그리고 철학을 시각화한 일종의 무대이자 언어다. 그 무대의 근간을 이루는 것이 바로 형태, 구조, 배치다.

먼저, '형태'는 브랜드가 가진 감정과 태도를 시각적으로 상징화하는 요소다. 직선과 각이 강조된 공간은 깔끔함과 명확함을, 곡선과 유기적 형태는 부드러움과 유연함을 전달한다. 정제된 아름다움과 품격을 추구하는 브랜드는 절제된 대칭성과 간결한 기하학을 통해 정돈되고 세련된 이미지를 구축한다. 반면, 창의성과 실험 정신을 강조하는 브랜드는 비정형적 형태나 반복적인 레이어, 다이내믹한 볼륨을 통해 긴장감을 자아낸다. 고객은 이 형태적 인상을 무의식중에 감지하며, 브랜드의 성격과 정체성을 직감하게 된다.

'구조와 배치'는 이러한 형태를 기반으로 브랜드의 이야기를 '흐름'으로 풀어내는 역할을 한다. 벽의 높이와 기둥의 간격, 개방감과 밀도의 리듬, 시야가 열리고 닫히는 방식까지, 모든 요소가 브랜드의 세계관을 직조하는 구성 언어다. 고객이 어디에서 시선을 시작하고, 어느 지점에서 발걸음을 멈추며, 어떤 동선을 따라 움직이는지까지 설계하는 것. 이것이 구조와 배치의 힘이다.

고객은 단지 제품을 보고 공간을 걷는 것이 아니라, 브랜드가 설계한 흐름을 따라 감정적으로 반응하고, 브랜드의 철학과 세계관을 온몸으로 경험하며 걷는다. 브랜드가 굳이 말하지 않아도, 공간은 형태와 구조, 배치의 조합을 통해 조용하지만 강렬하게 말한다. 그 침묵 속에서 브랜드의 세계관은 분명하게 드러난다.

디올 하우스Dior House 파리와 서울 매장에는 브랜드의 세계관을 상징하는 조형적 중심, 나선형 계단이 자리한다. 이 곡선형 구조물은 디올이 추구하는 여성스러운 우아함과 예술적 감성을 공간의 형태로 표현한다. 고객은 계단을 따라 천천히 이동하며 자연스럽게 디올의 컬렉션을 감상하면서도 디올 세계의 주인공이 된 듯한 느낌을 받는다. 특히, 곡선형의 부드러운 라인은 공간에 유려한 리듬감을 부여하며, 우아함과 고급스러움을 전달한다. 디올은 나선형 계단의 형태 그 자체로 세계관을 상징화했다.

불가리 호텔 로마Bvlgari Hotel Roma는 입구에 들어서는 순간, 라운

디자인이 곧 비즈니스다

드 형태의 홀과 중앙에 놓인 고대 로마 황제 아우구스투스 조각상이 시선을 압도한다. 조각상 위로는 화려한 샹들리에가 은은한 빛을 드리우고, 곡선으로 감싸인 벽면과 검은 대리석은 공간에 깊이를 더한다. 특히, 리셉션을 입구에 바로 드러내지 않도록 설계함으로써, 여정에 대한 호기심을 자극하고, 고객이 천천히 공간을 지나며 불가리가 지향하는 고귀함과 예술의 깊이를 자연스럽게 체험하도록 유도한다. 불가리는 입구에서부터 시작되는 '공간 여정 설계'로 세계관을 체험하도록 했다.

티파니Tiffany&Co. 매장은 아이코닉한 블루 박스를 공간의 중심에 배치하여 브랜드의 상징성을 극대화한다. 고객이 매장에 들어서면 가장 먼저 눈에 들어오는 것은 중앙의 끝 벽에 놓인 커다란 블루 박스다. 이 구조는 고객의 시선을 즉각적으로 사로잡으며, 브랜드가 가진 맑고 청명하면서도 로맨틱한 이미지를 전달한다. 매장 전체는 이 블루 박스를 중심으로 방사형 동선이 퍼져 나가도록 설계되어, 고객이 매장 안을 자연스럽게 이동하며 다양한 주얼리를 탐색하게 된다. 모든 동선은 다시 중앙의 블루 박스로 돌아오도록 구성되어 있어, 고객은 공간을 거닐며 반복적으로 브랜드의 상징성을 마주하게 되고, 티파니의 세계관은 그 경험 속에서 더욱 각인된다.

자라ZARA는 빠르게 변하는 패션 트렌드에 발맞춰 가변형 레이아웃을 도입하여 항상 신선하고 새로운 쇼핑 경험을 제공한다. 자라 매장은 신상품이 매주 입고되는 특성에 맞춰 벽면과 진열대가 이동 가능하도록 설계되어 있다. 이는 트렌드에 따라 매장의 분위기와 동선을 수시로 변경함으로써, 방문할 때마다 새로운 공간에서 최신 트렌드를 체험하게 한다. 자라는 이처럼 가변형 레이아웃을 통해 고객에게 '항상 새로운 패션'이라는 브랜드 세계관을 자연스럽게 전달한다.

코스트코Costco는 창고형 진열방식을 통해 가성비와 대량 구매라는 브랜드 이미지를 공간 설계 자체에 반영하고 있다. 매장에 들어서면 보이는 넓고 개방된 통로와 천장까지 쌓아 올린 제품 카톤 박스들은 고객에게 대형 창고에 들어온 듯한 느낌을 준다. 화려한 디스플레이나 장식 없이 단순하고 직관적으로 배치되어 있어, 고객은 동선을 따라 걸으며 마치 창고에서 물건을 고르는 듯한 경험을 하게 된다. 이 과정에서 필요하지 않은 물건까지 구매하게 만드는 충동구매의 심리가 자연스럽게 작용한다. 또한, 가격표도 직관적으로 적혀 있어 고객에게 가성비 좋은 제품을 구매한다는 만족감을 극대화한다. 코스트코는 이처럼 창고형 진열방식과 개방된 동선을 통해 '대량 구매'와 '가성비'라는 브랜드의 세계관을 직관적으로 전달하고 있다.

이처럼 브랜드 공간의 형태는 정체성을 시각화하고, 구조는 공간 내 경험의 흐름을 설계하며, 배치는 브랜드의 세계관을 감각적으로 풀어내는 도구가 된다. 고객은 이러한 설계된 공간을 거닐며, 브랜드가 추구하는 철학과 가치를 자연스럽게, 그리고 무의식적으로 경험하게 된다.

그렇다면, 당신의 브랜드는 어떠한 형태와 구조, 그리고 배치로 세계관을 펼쳐내고 있는가? 이 질문에 대한 진지한 고민과 설계의 깊이가, 말을 하지 않아도 공간이 먼저 이야기를 건네고, 고객의 마음속에 브랜드 세계관을 형성하게 할 것이다.

전략 5. 공간의 스케일과 비율 조정하기
– 브랜드의 존재감을 극대화하다

공간의 스케일과 비율은 브랜드의 존재감을 보여주는 요소다. 웅장한 스케일은 경외감을 불러일으키며 브랜드의 권위를 드러내고, 섬세하고 정교한 비율은 세련된 인상과 고급스러움을 전달하며 브랜드의 품격을 한층 더 높여준다.

높고 넓게 설계된 공간은 압도적인 인상을 남긴다. 극도로 높은 천장은 자연스럽게 고객의 시선을 위로 끌어 올리며, 시각적 충격과 함께 브랜드가 지닌 권위와 위상을 직관적으로 체감하게 한다. 반대로, 인체 비율에 맞춘 낮은 스케일은 고객에게 아늑하고 친근한 분위기를 조성해, 브랜드와 고객 사이의 정서적 거리를 좁혀준다.

고객은 공간에 들어서는 순간 자신도 모르게 브랜드가 의도한 스케일과 비율에 반응하게 된다. 발걸음을 조율하고, 목을 들어 천장을 바라보거나, 자신도 모르게 허리를 숙여 제품을 감상하게 된다. 이처럼 공간의 스케일과 비율은 보이지 않는 손처럼 고객의 행동을 자연스럽게 이끈다.

까르띠에Cartier 파리 플래그십 스토어의 5층까지 이어진 스카이라이트와 높은 천장, 그리고 넓은 공간은 고객에게 마치 궁전에 들어선 듯한 인상을 남긴다. 역사적 건축 디테일과 황금빛 장식은 브랜드의 유서 깊은 명성을 전달하며, 고객은 공간 속에서 고귀한 존재가 된 듯한 경험을 하게 된다. 대칭적인 구조는 공간을 더욱 장엄하고 권위 있게 만든다. 까르띠에는 이처럼 웅장한 스케일을 통해 고객에게 경외감을 선사하며, 또한 브랜드의 헤리티지를 직관적으로 느끼게 함으로써, 고객이 까르띠에의 고귀한 세계관에 몰입하도록 유도한다.

랄프로렌Ralph Lauren 플래그십 스토어 매장은 저택 스타일의 넓은 공간과 웅장한 계단을 사용하여 클래식하고 고급스러운 분위기를 연출한다. 고객은 대저택에 초대된 귀빈이 된 듯한 느낌을 받으며, 브랜드의 전통과 품격을 자연스럽게 체험한다. 벽난로가 있는 거실, 서재처럼 꾸며진 공간, 고급 가죽 소파와 앤티크 소품들은 고객에게 영국식 귀족 저택에 방문한 듯한 몰입감을 제공한다. 랄프로렌은 이처럼 저택 스타일의 대형 스케일을 통해 고객에게 시간을 초월한 고급스러움과 브랜드의 역사성을 전달하고 있다.

에이스 호텔Ace Hotel은 일반적인 호텔과는 달리 작고 아늑한 라운지 공간과 포근한 조명을 통해 고객이 집에서 쉬는 듯한 편안함을 전한다. 낮은 천장과 작은 테이블 배치는 고객과 직원이 가까이서 소통할 수 있는 캐주얼한 커뮤니티 분위기를 만든다. 가구

배치 또한 구획을 나누지 않고, 낯선 사람들과도 자연스럽게 대화와 교류가 이어지도록 그룹 형태로 구성되어 있다. 이러한 공간 설계는 고객이 로컬 커뮤니티의 일원이 된 듯한 경험을 가능하게 한다. 덕분에 고객은 낯선 도시에서 숙박을 하면서도 편안함과 소속감을 동시에 느끼며, 에이스 호텔만의 독특하고 따뜻한 브랜드 감성을 오래도록 마음속에 품게 된다.

르 라보Le Labo는 작은 조향실에서 고객에게 프라이빗하고 개인화된private & personalized 경험을 선사한다. 작고 아늑한 공간에서 고객은 장인과 일대일로 진정성 있게 소통하며 자신만의 향수를 만들어 간다. 이때 고객은 향수를 구매하는 것이 아닌, 예술 작품을 제작하는 듯한 몰입감을 느끼며, 브랜드의 핸드메이드 철학과 장인 정신을 직접 체험하게 된다.

엘메카도El Mercado는 태국에 위치한 식료품 매장 브랜드다. 일반 식료품 매장보다 작은 공간에 로컬 식료품과 소규모 생산자 제품을 진열하여 고객이 마치 동네 가게에 온 듯한 친근함을 느끼게 한다. 좁고 밀도 있는 진열대는 고객과 직원이 가까운 거리에서 소통할 수 있는 구조로, 고객에게 제품 추천을 제공하며, 소박하지만 정겨운 브랜드 이미지를 전달한다. 이곳에는 먹는 공간도 함께 마련되어 있는데, 매장과 레스토랑 경계가 허물어진 공간은 더욱 따뜻하고 정겨운 분위기를 준다. 엘메카도는 이처럼 작고 밀도 높은 스케일을 통해 고객과의 심리적 거리를 좁히며, 브랜드의 로컬 감성과 진정성을 전달하고 있다. 이는 지역 사회와 연결되는 특별한 공간으로 자리 잡게 하는 힘이 있다.

공간의 스케일뿐만 아니라, 가구와 오브제의 크기와 비율 또한 브랜드 메시지를 전달하는 데 중요한 역할을 한다. 묵직하고 큰 가구는 공간에 안정감과 신뢰감을 주며, 브랜드의 존재감을 강조한다. 반면, 가늘고 가벼운 가구는 섬세한 브랜드 이미지를 강조하며, 현대적이고 미니멀한 감성을 전달한다.

고객에게 경외감과 감탄을 느끼게 할 것인가, 아니면 친밀감과 편안함을 느끼게 할 것인가? 브랜드의 권위를 드러낼 것인가, 아니면 진정성을 강조할 것인가? 고객에게 영감을 주며 브랜드의 세계관을 동경하도록 만들 것인가, 아니면 가까이에서 공감하도록 할 것인가? 이러한 질문에 대한 답을 찾아가는 과정이 브랜드의 존재감을 설계하는 열쇠가 될 것이다.

전략 6. 향과 소리 설계하기
– 브랜드의 기억을 형성하다

사람들은 특정 매장에 들어섰을 때, 말로 설명하기 어려운 감각적 경험을 하게 된다. 시각적 요소가 가장 먼저 눈에 들어오지만, 공간의 인상을 결정하는 것은 보이는 것만이 아니다. 오히려 어떤 향이 스며들어 있는지, 어떤 소리가 들리는지가 브랜드를 기억하는 데 중요한 역할을 한다. 특정한 향과 음악은 브랜드의 감성을 더욱 강렬하게 전달하며, 고객의 경험을 감성적으로 각인시킨다.

고급 호텔 로비에서 은은하게 퍼지는 플로럴 향기, 명품 매장에서 흐르는 우아한 클래식 음악, 트렌디한 편집숍에서 들리는 강렬한 비트 등의 보이지 않는 요소들은 브랜드 아이덴티티를 완성한다. 향과 소리가 브랜드 경험의 일부로 자연스럽게 스며들 때, 브랜드가 말하지 않아도 공간이 먼저 이야기하는 것이다.

향기는 감정과 기억을 자극하는 요소다. 후각은 인간의 감각 중에서도 특히 기억과 감정을 저장하는 뇌의 영역과 직접 연결되어 있어, 특정한 향을 맡으면 과거의 경험과 감정이 즉각적으로 떠오르기도 한다. 브랜드가 자신만의 시그니처 향을 개발하는 이유도 여기에 있다. 고객이 브랜드 공간에 들어서는 순간, 향이 브랜드의 정체성을 설명 없이 전달하고, 브랜드 경험을 더욱 깊이 각인시키는 역할을 하는 것이다.

반야트리 호텔Banyan Tree Hotels & Resorts은 '휴식과 힐링'이라는 브랜드 철학을 자체 제작한 향 '타이차마나드Thai Chamanga'로 구현하여, 후각적 경험을 브랜드 아이덴티티의 핵심 요소로 끌어올렸다. 호텔 로비에 들어서는 순간, 플로럴 계열의 달콤하고 부드러운 향이 공간을 가득 채운다. 타이차마나드는 태국 열대낙원의 몽환적인 이미지를 연상시키며 차분하고 고요한 분위기를 만들어 낸다. 고객은 호텔을 떠난 후에도 우연히 비슷한 향을 맡는 순간, 반야트리에서의 잊지 못할 경험을 떠올리게 된다. 이처럼 향기는 브랜드의 감성과 공간에서의 경험을 지속적으로 연결해 주는 감각적 요소로 작용한다.

자라 홈Zara Home은 홈퍼니싱 브랜드로서, 매장 입구에서부터 시그니처 향이 공간을 가득 채우며 브랜드만의 감성을 전달한다. 매장을 감싸는 향은 고급스러운 유럽풍 라이프스타일을 연상시키며, 마치 세련된 호텔이나 클래식한 서재에 들어선 듯한 분위기를 연출한다. 자라 홈은 매장뿐만 아니라 고객의 생활 공간까지 향기를 확장시킨다. 디퓨저, 캔들, 룸 스프레이 등의 홈 프래그런스 제품을 출시하여, 고객이 자라 홈의 향을 집에서도 경험할 수 있도록 유도한다. 이는 브랜드와 고객의 관계를 더욱 친밀하게 하고, 매장에서의 기억을 일상으로 연결하는 효과를 가진다.

한때 미국 청소년들 사이에서 열광적인 인기를 끌었던 아베크 롬비 & 피치Abercrombie & Fitch 매장은 강렬한 시그니처 향으로도 유명했다. 매장에 들어서는 순간 퍼지는 짙은 머스크 향은 브랜드의 젊음과 에너지 넘치는 이미지를 전달했다. 시그니처 향은 브랜드의 '젊고 섹시한 감성'을 강조하며, 특히 10~20대 소비자들에게 브랜드를 강렬하게 각인시키는 역할을 했다. 이 향은 매장의 분위기를 형성하고 브랜드 경험을 강화하며 실제 매출에도 긍정적인 영향을 미쳤다.

르 라보Le Labo는 향을 핵심 브랜딩 요소로 활용하는 니치 향수 브랜드다. 뉴욕을 기반으로 한 이 브랜드는 '향수는 대량 생산이 아닌, 고객에게 맞춰진 맞춤형 예술품이어야 한다'는 철학을 바탕으로, 매장에서 즉석으로 향수를 블렌딩한다. 고객은 장인과 직접 소통하며 자신만의 향을 제작해 가는 몰입형 경험을 하게 되고, 이 과정에서 브랜드가 추구하는 장인 정신과 철학을 직접 체험하게 된다. 르 라보의 매장은 기존 향수 브랜드와는 차별화된 감성을 갖고 있다. 인더스트리얼한 인테리어, 빈티지한 가구, 매장에서 은은하게 퍼지는 깊고 차분한 우디 향이 결합되면서, 공간 자체가 브랜드의 정체성을 말한다. 마치 오래된 실험실에서 장인이 향을 빚어내는 듯한 분위기는 르 라보가 중시하는 섬세한 제작 과정과 장인 정신을 그대로 담고 있다. 그래서 르 라보는 '향수를 파는 곳'이 아니라 '향을 경험하는 공간'으로 느껴진다.

향과 함께 소리는 공간의 분위기를 결정한다. 소리는 공간의 감성을 형성하고 브랜드가 전달하고자 하는 메시지를 더욱 선명하게 만들어 준다. 활력을 불어넣거나 차분한 분위기를 조성하는 등 공간에 흐르는 음악은 고객의 감각에 스며들어 무의식적으로 브랜드를 경험하게 한다. 고급 레스토랑에서는 부드러운 클래식 음악이나 재즈가 흐르며, 패션 편집숍에서는 로파이Lo-Fi 비트나 일렉트로닉 뮤직, 트렌디한 팝송이나 K-POP이 공간의 분위기를 완성한다.

음악의 템포와 장르는 고객이 공간에서 머무르는 방식과도 연결된다. 빠르고 역동적인 음악이 흐르는 곳에서는 고객의 움직임도 활발해지고, 체류 시간이 짧아지는 경향이 있다. 반면, 잔잔하고 부드러운 음악이 흐르는 곳에서 고객은 여유롭게 머물며 공간을 더욱 깊이 경험하게 된다. 이러한 음악적 요소를 전략적으로 사용하여, 공간에 브랜드 감성을 불어넣을 수 있다.

나이키Nike 매장에서는 운동의 역동성을 강조하는 비트감 있는 음악을 배경으로 사용한다. 매장에 들어서는 순간, 빠르고 강렬한 음악이 고객의 심박수를 높이고, 신체적 에너지를 끌어올린다. 이러한 사운드 연출은 고객이 신발을 신어보거나 제품을 테스트할 때 더욱 활동적인 상태가 되도록 하고, 나이키가 추구하는 'Just Do It' 정신을 느끼게 한다. 나이키는 매장뿐만 아니라 나이키 런 Nike Run 이벤트나 체험 공간에서도 음악을 적극적으로 활용해 브랜드 철학을 청각적으로 느끼게 한다.

홀리스터Hollister는 미국 서핑 문화를 기반으로 한 패션 브랜드로, 매장에서도 이러한 브랜드 감성을 적극 반영한다. 매장 내에서는 서핑, 여름, 캘리포니아 해변을 연상시키는 트로피컬 하우스 음악이나 잔잔한 인디 팝을 재생하여 고객이 브랜드와 자연스럽게 감성적으로 연결될 수 있도록 한다.

메종 키츠네Maison Kitsuné는 음악 레이블에서 출발한 패션 브랜드로, 브랜드 아이덴티티를 '패션과 음악의 결합'으로 정의하며, 매장마다 차별화된 플레이리스트를 구성한다. 키츠네는 브랜드가 직접 기획한 플레이리스트를 사용하여, 이 음악을 플레이하는 것만으로도 브랜드 감성을 연출하는 요소가 된다. 공간에서 하우스 뮤직, 누 디스코, 인디 일렉트로닉 같은 템포감 있는 음악을 사용하여 트렌디하고 세련된 브랜드 감성을 강조한다. 특히, 키츠네는 키츠네 뮤지크Kitsuné Musique, 메종 키츠네Maison Kitsuné, 카페 키츠네 Café Kitsuné를 음악이라는 공통 요소로 연결하여, 패션과 음악, 라이프스타일이 하나의 흐름으로 이어지도록 전략적으로 설계했다. 이를 통해 고객은 브랜드가 제안하는 라이프스타일을 경험하는 과정으로 매장을 인식하게 된다.

롤렉스 Rolex와 같은 고급 시계 브랜드의 매장은 음악과 소리를 조심스럽게 설계한다. 클래식한 분위기를 조성하기 위해 피아노, 재즈, 오케스트라 음악을 낮은 볼륨으로 재생하며, 매장 내에서는 조용한 환경을 유지한다. 고객이 시계를 구경할 때 소리에 방해받지 않도록 하고, 브랜드의 정교한 기술력과 품격이 그대로 전해지는 공간을 연출하는 것이다.

일본의 츠타야 서점 Tsutaya Books은 아티스트와의 협업을 통해서 '츠타야 서점을 위한 음악 프로젝트'를 진행하여, 공간의 사운드 디자인을 정교하게 다듬었다. 울림 가득한 피아노, 섬세한 일렉트로니카 등 감성적인 요소들이 더해졌다. 이 음악은 서점에서의 경험을 일상으로 확장할 수 있도록 앨범 형태로도 발매되었다. 덕분에 고객은 집에서 책을 읽을 때도 츠타야 서점의 분위기를 느끼며 브랜드 감성을 지속적으로 경험할 수 있다.

더 현대 서울 The Huyndai Seoul은 자연의 소리를 담았다. 새소리와 물소리를 담아 도심 속에서도 편안하고 여유로운 분위기를 느낄 수 있도록 설계되었다. 이러한 청각적 연출은 고객의 긴장을 완화하고 감성을 자극하며, '자연 속 백화점'이라는 브랜드 콘셉트를 공간 속에서 온전히 느끼게 한다.

삼성 Samsung 이나 소니 Sony 같은 테크 브랜드는 지나치게 감정적인 음악보다는 깔끔하고 정제된 음악을 통해 '혁신'과 '미래 지향적인 감성'을 표현한다.

이처럼 브랜드 정체성과 조화를 이루는 향과 소리는 브랜드 메시지를 더욱 선명하게 전달한다. 향과 소리는 브랜드 경험의 보이지 않는 '감각적 시그니처'와 같다. 고객이 브랜드 공간을 떠난 후에도, 특정한 향을 맡거나 음악을 들었을 때 자연스럽게 브랜드의 기억이 떠오르게 만드는 것. 이것이 바로 향과 소리를 활용한 공간 브랜딩의 본질이다.

브랜드가 고객과 소통하는 방식을 고민할 때, 어떤 향을 통해 브랜드의 감성을 전달할 것인가? 어떤 음악과 소리를 배경으로 브랜드의 분위기를 완성할 것인가? 이 질문에 대한 답을 찾아가는 과정이 브랜드만의 감각적 시그니처를 만들어 내고, 기억 속에 오래 남는 경험을 디자인하는 전략이 될 것이다.

전략 7. 시간적 요소 반영하기
– 브랜드 경험을 지속적으로 쌓아가다

공간은 '현재'만을 위한 것이 아니다. 공간에서의 시간은 브랜드 경험을 지속적으로 쌓아가는 중요한 요소다. 브랜드 공간은 고객이 한 번 방문하고 끝나는 곳이 아닌, 시간이 지날수록 더 깊어지고, 다시 찾고 싶은 경험으로 남아야 한다.

시간적 요소는 고객이 공간을 처음 만났을 때 느끼는 첫인상에서부터, 시간이 지나도 잊히지 않는 기억으로 남는 경험까지를 결정한다. 브랜드는 시간적 요소를 활용해 고객이 공간에서 머무는 시간, 다시 방문하고 싶은 주기, 그리고 시간이 지남에 따라 변화하는 브랜드 경험을 설계함으로써 고객과의 관계를 지속적으로 이어간다.

동일한 공간이라도 시간대에 따라 빛과 그림자의 변화와 분위기의 전환을 통해 다른 경험을 제공할 수 있다. 예를 들어, 낮에는 자연광을 최대한 활용해 밝고 생동감 있는 분위기를 연출하고, 저녁에는 조명을 활용해 고급스럽고 아늑한 분위기로 전환할 수 있다. 날씨나 계절의 변화에 따라 공간의 장식, 조명, 심지어 음악까지 바뀐다면, 고객은 브랜드와 함께 하루의 리듬과 계절의 흐름을 함께 보내는 듯한 연속적인 경험을 하게 된다. 또한, 시간이 지나며 자연스럽게 흔적이 남는 소재를 사용하면, 공간은 고객과 함께 시간을 축적해 가는 깊이 있는 경험을 할 수 있다.

예를 들어, 명품 플래그십 스토어에서는 시즌별로 윈도우 디스플레이와 아트 작품 설치를 바꾸며 브랜드의 창의성과 신선함을 지속적으로 전달한다. 이를 통해 고객은 매 시즌마다 새로운 이야기를 기대하게 되고, 재방문 욕구가 자연스럽게 생겨난다.

애플Apple 매장에서는 시간대별 고객의 니즈에 맞춰 공간의 역할과 분위기를 변화시킨다. 낮 시간에는 제품을 체험하고 상담을 받는 공간으로 사용되지만, 저녁 시간에는 같은 공간이 Today at Apple 세션을 통해 커뮤니티 공간으로 전환되기도 한다.

Today at Apple 세션은 고객이 사진, 음악, 영상 편집, 코딩 등 창의적인 활동을 배우고 체험할 수 있는 무료 워크숍이다. 낮부터 저녁까지 시간대별로 진행되는 이 프로그램에서 고객은 애플 제품을 사용한 다양한 창작 활동을 하게 된다. 고객은 세션에 참여하면서 매장 방문을 하나의 이벤트처럼 즐기게 되고, 브랜드와의 연속적인 관계를 형성한다. 애플 스토어는 시간의 흐름에 따라 공간의 역할을 변화시킴으로써, 고객에게 일관되지만 다양한 브랜드 경험을 제공하고, 고객의 기억 속에 브랜드에 대한 긍정적 이미지를 지속적으로 축적해 나가고 있다.

스타벅스Starbucks는 계절에 맞는 한정 메뉴를 출시하여 시간에 따라 변하는 브랜드 경험을 제공한다. 봄에는 체리 블라썸 음료, 여름에는 트로피컬 음료와 피크닉 테마, 가을에는 펌킨 스파이스 라테, 겨울에는 핫초코와 연말 한정 음료 등 계절에 따라 음료의 테마가 바뀐다. 또한, 시즌 한정 프로모션과 이벤트 데코레이션, 시즈널 굿즈를 통해 매장 분위기를 계절감에 맞게 조성한다. 스타벅스는 이처럼 계절별 한정 메뉴와 이벤트를 통해 고객에게 기대감과 새로움을 주며, 시간에 따라 축적되는 브랜드 경험을 설계하고 있다.

나이키Nike는 시즌 한정 팝업스토어와 한정판 컬렉션을 통해 고객에게 일시적인 경험을 선사한다. 한정된 시간 동안만 열리는 팝

디자인이 곧 비즈니스다

업 이벤트는 희소성과 긴박감을 만들어 내며, 고객에게 지금 이 순간에만 느낄 수 있는 특별한 경험을 제공한다. 이는 고객이 시간을 기다림과 기대감으로 인식하게 하여, 재방문과 브랜드 충성도를 높이는 전략이다. 나이키는 이처럼 시간 제한적 경험을 통해 고객에게 일시적이지만 강렬한 기억을 남기며, 브랜드의 트렌디한 이미지를 강화하고 있다.

레고LEGO 매장에서는 시간대별로 다양한 워크숍과 이벤트를 운영한다. 주중에는 어린이를 위한 창의력 교육, 주말에는 가족 단위 체험, 저녁 시간에는 성인을 위한 레고 아트 클래스 등을 진행한다. 고객은 시간대에 따라 다양한 연령층과 관심사에 맞는 경험을 하며, 레고가 주는 창의력과 재미를 시간 속에서 누리게 된다. 이는 고객에게 레고 매장이 쇼핑만을 위한 장소가 아니라, 창의력을 키우고 경험하는 공간으로 인식하게 하며, 브랜드에 대한 깊은 애착을 형성한다.

일본의 와비사비Wabi-sabi 철학을 적용한 브랜드들은 시간이 지나면서 자연스럽게 에이징aging되는 소재를 사용한다. 나무, 돌, 가죽 등 시간의 흔적을 고스란히 담는 소재를 통해 고객은 시간의 흐름 속에서 깊이감을 느끼고, 브랜드의 철학과 세계관을 감각적으로 체험하게 된다. 와비사비는 '불완전함 속의 아름다움'을 강조하며, 시간의 축적을 통해 브랜드의 스토리를 자연스럽게 전달하는 철학이다.

이처럼, 브랜드는 시간의 흐름을 활용해 고객에게 익숙하지만 새롭고, 낯설지만 편안한 경험을 제공하며, 시간이 지날수록 브랜드에 대한 기억과 감정이 축적되도록 설계할 수 있다. 공간과 시간의 리듬을 조율함으로써, 브랜드의 존재감을 지속적으로 강화하고, 고객에게 기억에 남는 여정을 선사하는 것. 이것이 시간적 요소를 활용한 브랜드와 고객의 관계가 깊어지는 방식이다.

시간의 흐름에 따라 공간 경험을 다르게 설계하려면 어떤 요소를 고려해야 할까? 시간대별 분위기 변화, 계절적 변주, 스토리텔링 형식의 시간의 흐름을 어떻게 반영할 수 있을까? 브랜드가 시간이 지나도 고객의 기억 속에 남는 경험을 설계하려면 무엇을 준비해야 할까? 이러한 질문에 대한 고민은 브랜드 경험을 지속적으로 쌓아가며, 고객과의 관계를 깊게 만들어 갈 것이다.

공간을 통해 브랜드의 정체성과 철학이 담긴 메시지를 전달하는 과정에서 가장 중요한 것은 일관성이다. 고객은 공간에서 브랜드의 본질을 느낄 때, 그 메시지가 다른 접점에서도 동일하게 전달되기를 기대한다. 만약 매장이 고급스러움과 품질을 강조하고 있다면, 제품이나 서비스, 심지어 직원의 태도까지도 이 메시지와 일치해야 한다. 공간에서 느낀 메시지와 실제 경험 사이에 차이가 있다면, 고객은 혼란을 느끼고 브랜드에 대한 신뢰를 잃을 수도 있다.

결국, 공간은 브랜드를 표현하고, 메시지를 전달하며, 고객이 경험하는 강력한 매개체다. 고객은 공간에서 직접 경험하며 브랜드를 이해하고, 그 경험은 브랜드와의 정서적 연결을 강화하는 데 핵심적인 역할을 한다. 성공적인 브랜드 공간 디자인은 고객이 공간을 떠난 후에도 브랜드를 기억하고 공감하게 만든다. 이는 단순히 아름답거나 기능적인 공간을 디자인하는 것을 넘어서, 브랜드의 이야기를 고객의 삶 속에 자연스럽게 녹여내는 작업이다.

공간은 브랜드의 이야기가 살아 숨 쉬는 무대가 되고, 그 무대에서 브랜드는 말하지 않아도 스며드는 메시지로 고객과 소통하며, 기억 속에 오래 남는 경험을 선사하는 것이다.

공간에서 브랜드를 경험하다: 일곱 가지 핵심 전략 체크리스트

당신의 브랜드는 공간을 통해 제대로 말하고 있는가? 아래 질문들을 통해 점검해 보자.

전략 1. 색채와 조명 활용하기
– 브랜드의 분위기를 형성하다

[색상]

· 색상이 브랜드 아이덴티티와 일치하는가?

  사례: 티파니앤코는 티파니 블루, 에르메스는 오렌지처럼 브랜드를 상징하는 고유의 색상을 사용하고 있다.

· 공간의 색상 팔레트가 브랜드가 전하고자 하는 분위기와 일치하는가?

  사례: 샤넬의 블랙 & 화이트의 조합 대비는 절제된 우아함과 타임리스한 클래식 브랜드 감성을 강화한다.

· 색상이 브랜드 메시지를 직관적으로 전달하고 있는가?

사례: 코카콜라의 빨간색은 열정과 에너지를, 스타벅스의 초록색은 편안함을 상징하여 고객에게 브랜드 정체성을 전달한다.

[조명]

· 조명이 브랜드의 분위기와 감성을 극대화하고 있는가?

예시: 따뜻한 간접 조명으로 아늑함을 주거나, 강렬한 조명으로 역동성을 표현할 수 있다.

· 조명이 공간의 분위기와 색채를 자연스럽게 연결하고 있는가?

사례: 에르메스 매장의 따뜻한 톤 조명이 오렌지 컬러와 무늬목과 조화를 이루며 고급스러움을 극대화한다.

· 조명이 고객의 경험과 행동에 긍정적인 영향을 미치는가?

사례: 스타벅스의 은은한 조명은 따뜻하고 편안한 분위기 속에서 고객이 노트북으로 업무를 보거나 독서를 하며 오래 머물고 싶은 공간을 만든다.

전략 2. 텍스처와 재질 선택하기
— 브랜드의 감촉을 경험하다

· 텍스처와 재질이 브랜드 아이덴티티와 일치하는가?

사례: 샤넬의 트위드 소재는 브랜드의 유산과 정체성을 상징하며, 매장 인테리어에서도 고유의 분위기와 촉감을 통해 브랜드 아이덴

티티를 강화하고 있다.

· 텍스처와 재질이 브랜드 철학과 스토리를 강화하는가?

사례: 파타고니아는 재활용 목재와 헴프 소재 등을 활용해 지속 가능성과 환경 보호를 위한 철학을 직관적으로 전달한다.

· 몸이 닿는 터치 포인트Touch Point (손잡이, 옷걸이, 디스플레이 선반, 상담 테이블 등)가 브랜드 정체성을 반영하고 있는가?

예시: 금속 광택이 나는 손잡이는 고급스러움을, 부드러운 가죽 마감은 품격을, 친환경 소재 옷걸이는 지속 가능성을, 차가운 금속 과 유리 소재의 결합은 도시적인 이미지를 상징하듯 브랜드 이미 지를 강화할 수 있다.

전략 3. 동선과 공간의 흐름 조율하기
— 브랜드와의 상호작용을 디자인하다

· 동선이 브랜드 철학과 메시지를 자연스럽게 전달하고 있는가?

사례: 애플 스토어는 개방적인 동선을 통해 '자유로운 탐색'과 '직 관적인 사용자 경험'을 표현하고, 이케아는 미로 같은 동선을 활 용해 브랜드가 제안하는 '라이프스타일'을 단계적으로 경험하도록 유도한다.

· 고객의 발걸음이 자연스럽게 이어지고 있는가?

사례: 나이키 플래그십 스토어는 러닝 트랙과 체험 공간을 연결해 고객이 브랜드 철학인 'Just Do It'을 몸으로 느끼도록 설계되었다.

· 브랜드가 의도한 동선을 고객이 무의식적으로 따르게 하고 있는가?

사례: 루이 비통 플래그십 스토어는 고급 트렁크 전시와 연결된 탐험형 동선을 통해 고객이 브랜드의 역사와 세계관을 탐험하듯 경험하도록 설계했다.

전략 4. 공간의 형태와 구조, 배치 최적화하기
– 브랜드의 세계관을 형성하다

· 공간의 형태와 구조가 브랜드의 세계관과 스토리를 자연스럽게 전달하고 있는가?

사례: 디올 하우스는 유려한 곡선이 강조된 나선형 계단을 중심으로 설계되어 있다. 고객은 계단을 오르내리며 디올이 추구하는 '우아함'과 '예술적 세계관'에 몰입하면서, 컬렉션을 자연스럽게 감상한다.

· 시각적 초점과 제품 배치가 이 브랜드 세계관을 강화하도록 설계되었는가?

사례: 티파니는 중앙에 티파니 블루 박스를 배치하여 자연스럽게 시선을 끌고, 방사형 동선을 통해 매장 안을 탐험하면서도 자연스럽게 중심으로 돌아오도록 설계했다.

전략 5. 공간의 스케일과 비율 조정하기

– 브랜드의 존재감을 극대화하다

· 공간의 스케일과 비율이 브랜드의 존재감을 직관적으로 전달하고 있는가?

사례: 랄프로렌 플래그십 스토어는 저택 스타일의 웅장한 계단과 넓은 공간을 통해 고객이 귀빈이 된 듯한 클래식하고 고급스러운 브랜드 경험을 제공한다.

사례: 르 라보는 작은 조향실에서 고객과 일대일로 소통하며 향수를 제작하는 과정을 통해 고객에게 프라이빗하고 개인화된 경험을 선사한다.

· 가구와 오브제의 비율이 브랜드 메시지와 일치하고 있는가?

예시: 크고 묵직한 가구는 안정감과 신뢰감을 주며 브랜드의 존재감을 강조한다. 가늘고 가벼운 가구는 세련되고 섬세한 브랜드 이미지를 강조하며 현대적이고 미니멀한 감성을 전달한다.

전략 6. 향과 소리 설계하기

– 브랜드의 기억을 형성하다

[향]

· 브랜드만의 시그니처 향을 통해 브랜드 정체성을 강화하고 있는가?

사례: 반야트리 호텔의 휴식과 힐링의 철학을 담은 플로럴 향기, 자라 홈의 유럽풍 향기, 르 라보의 우디 향처럼 고유한 향을 사용

하여 브랜드 경험을 강화한다.

· 향기 자체로 브랜드 감성을 전달하고 있는가?

예시: 고급 브랜드는 은은한 플로럴, 따뜻한 우디, 풍부한 엠버 또
는 무게감 있는 머스크 계열로 품격과 우아함을, 캐주얼 브랜드는
상쾌한 시트러스, 깨끗한 아쿠아틱, 산뜻한 허브 계열로 젊고 활기
찬 이미지를 전달할 수 있다.

[소리]

· 음악과 소리가 브랜드 감성에 맞는 분위기를 조성하고 있는가?

사례: 나이키는 역동적인 비트로 에너지를, 스타벅스는 잔잔한 재
즈 음악으로 아늑함의 브랜드 감성을 표현한다.

· 소리와 향이 고객의 체류 시간을 자연스럽게 조율하고 있는가?

예시: 빠른 비트 음악으로 회전율을 높이거나, 차분한 음악으로
오래 머물도록 유도한다.

· 향과 소리가 고객의 기억 속에 브랜드를 지속적으로 각인시키고 있
는가?

예시: 브랜드 공간을 떠난 후에도 특정 향이나 음악이 떠오르는
감성적 연결 고리를 만들어 브랜드 기억을 강화할 수 있다.

전략 7. 시간적 요소 반영하기

- 브랜드 경험을 지속적으로 쌓아가다

· 시간의 흐름에 따라 공간의 분위기와 역할이 자연스럽게 변화하고 있는가?

예시: 낮에는 자연광을 최대한 활용해 밝고 생동감 있는 분위기를 연출하고, 저녁에는 조명을 활용해 고급스럽고 아늑한 분위기로 전환할 수 있다.

사례: 애플 스토어는 낮에는 제품 체험과 상담 공간으로, 저녁에는 Today at Apple 세션을 통해 커뮤니티 공간으로 전환해 고객에게 시간대별로 다양한 브랜드 경험을 제공한다.

· 고객이 브랜드와 함께 계절을 보내는 듯한 연속적인 경험을 하고 있는가?

예시: 명품 플래그십 스토어에서는 시즌별로 윈도우 디스플레이와 아트 작품 설치를 바꾸며, 고객이 매 시즌마다 새로운 이야기를 기대하게 만들고 재방문 욕구를 자극한다.

사례: 스타벅스는 봄에는 체리 블라썸 음료, 가을에는 펌킨 스파이스 라테 등 계절 한정 메뉴와 이벤트 데코레이션, 시즈널 굿즈를 통해 고객에게 계절감을 선사하며, 브랜드와 함께 계절을 보내는 듯한 경험을 준다.

· 한정된 시간의 경험을 통해 브랜드에 대한 기억을 강렬하게 남기고 있는가?

  사례: 나이키는 시즌 한정 팝업스토어와 한정판 컬렉션을 통해 고객에게 희소성과 긴박감을 제공하며, 시간에 따라 축적되는 브랜드 경험을 설계한다.

· 시간이 흐를수록 공간에서 브랜드 철학과 스토리가 더욱 깊이 있게 표현되고 있는가?

  예시: 일본의 와비사비 철학을 적용한 매장은 시간의 흔적이 남는 나무, 돌, 가죽 등의 소재를 사용해 시간이 흐르며 깊어지는 브랜드 스토리를 전달한다.

마지막 질문. 고객 경험이 브랜드와 연결되는가?

· 브랜드가 고객에게 전달하고자 하는 이미지는 무엇인가?

  예시: 신뢰, 창의성, 도전정신, 혁신, 프리미엄 가치, 럭셔리, 에너지, 유쾌함, 젊음, 청량감, 아름다움, 세련미, 예술성, 철학적 깊이, 미니멀리즘, 지속가능성, 힐링, 자연 친화, 전통성, 헤리티지 감성, 장인 정신, 기술 중심, 미래 지향 등

· 고객이 이 공간에서 느껴야 할 감정은 무엇인가?

  예시: 설렘, 기대감, 감탄, 감동, 동경, 놀라움, 경외감, 호기심, 향수, 자기발견, 공감, 위로, 진정성, 신뢰, 안정감, 편안함, 고요함, 포근

함, 익숙함, 친근함, 힐링, 즐거움, 가족적 분위기, 발견의 기쁨 등

· 고객이 공간을 경험하는 동안 브랜드와의 관계가 강화되는가?
  예시: 브랜드 철학이 공간의 흐름, 구조, 스토리로 자연스럽게 전
  달되어 고객이 '이 브랜드는 나와 맞는다'는 감정을 느끼게 되는
  순간.

· 고객이 떠나고 난 후에도 브랜드를 기억할 만한 요소가 있는가?
  예시: 색상, 형태, 조명, 향, 소리, 촉감, 독특한 가구나 오브제, 체
  험 요소, 스토리텔링, 따뜻한 응대, 분위기 자체, 기념요소 등

당신의 브랜드는 고객의 기억 속에서 어떤 공간으로 자리 잡고 있는가?

책을 덮고 난 후, 당신의 브랜드 공간을 다시 한번 떠올려 보자. 고객이
이 공간에서 브랜드의 가치를 온전히 체험할 수 있을까? 고객이 떠올리
는 당신의 브랜드는, 그저 매장이 아닌 하나의 '세계'인가?
공간 디자인은 때로 말보다 더 강렬하게 브랜드를 이야기한다는 사실
을 기억하자.

Chapter 5

고객을 주인공으로

오늘날의 고객은 브랜드를 '경험'하고 싶어 한다. 고객은 더 이상 수동적인 소비자가 아니다. 브랜드와 적극적으로 상호작용 하고, 그 과정에서 자신이 주인공이라는 느낌을 받기를 기대한다. 이러한 변화 속에서, 공간 디자인은 고객이 브랜드의 세계관 속에서 '나만의 이야기'를 만들 수 있는 것이 중요해졌다. 공간은 이제 브랜드와 고객이 만나는 무대이며, 성공적인 공간 디자인은 고객이 그 무대 위에서 주인공이 될 수 있도록 설계되어야 한다.

고객 중심 디자인이란, 고객 개개인의 특성과 감정을 깊이 이해하고, 그들이 공간을 통해 자신만의 경험을 만들어 갈 수 있도록 돕는 것이다. 이는 단순히 고객의 이름이 새겨진 커피잔을 제공하는 수준을 넘어, 고객의 취향과 요구를 공간 전반에 녹여내는 과정이다. 브랜드가 '나를 이해하고 있다'는 감각을 주는 것이 핵심이며, 이러한 경험은 고객과 브랜드의 관계를 더욱 깊게 만들고, 충성도는 자연스럽게 높아진다.

기존의 공간 설계가 브랜드의 아이덴티티를 표현하는 데 초점을 맞췄다면, 이제는 '고객이 브랜드를 어떻게 경험하는가'가 더 중요한 요소가 되었다. 고객은 이제 일방적으로 제공되는 공간을 소비하는 것이 아니라, 공간을 통해 자신의 라이프스타일과 브랜드가 조화를 이루는 경험을 원한다.

예를 들어, 애플Apple 매장에서 고객은 자유롭게 제품을 만지고, 사용해 보며, 전문가와 대화하면서 브랜드 철학을 체험한다. 또한, Today at Apple 프로그램을 통해 고객들은 브랜드가 제공하는 창의적이고 혁신적인 세계관 속에서 배움과 경험을 동시에 얻는다. 이는 브랜드가 고객과 상호작용 하는 방식이 단순한 '소비'가 아니라, '참여'로 변하고 있음을 보여준다.

개인화된 경험이 중요한 이유는 고객이 브랜드를 '나를 이해하는 곳'으로 인식할 때, 브랜드와의 정서적 유대감이 강해지고, 자연스럽게 충성도로 이어지기 때문이다. 공간이 소비의 장이 아니라, 고객이 브랜드를 직접 체험하고, 감정을 나누고, 관계를 형성하는 곳으로 변화하는 순간 브랜드의 영향력은 배가된다.

개인화된 고객 경험을 제공하기 위해 브랜드는 고객의 행동을 분석하고, 맞춤형 경험을 설계해야 한다. 럭셔리 브랜드의 VIP 라운지는 고객 맞춤형 경험의 대표적인 사례다. 고객의 성향과 구매 이력을 분석해 관심 가질 만한 제품을 미리 준비해 두는 것은 물론, 독립적인 공간에서 프라이빗한 쇼핑 경험을 제공한다. 쇼핑 공간이 개인적인 '맞춤 컨설팅'이 이루어지는 곳으로 발전하고 있는 것이다. 이를 통해 고객은 자신이 브랜드에서 특별한 존재라는 느낌을 받게 된다.

고객 중심 디자인에서 가장 중요한 것은 고객이 공간에서 '주체적'으로 움직이고, 참여할 수 있는 환경을 만드는 것이다. 고객이 직접 경험하고 탐색할수록 브랜드와의 정서적 연결이 깊어지기 때문이다. 예를 들어, 나이키Nike는 매장에 운동화를 전시하는 데 그치지 않고, 고객이 직접 러닝 테스트를 해볼 수 있도록 설계했다. 고객은 매장에서 러닝 머신을 사용해 다양한 운동화의 착화감을 테스트할 수 있으며, 그 과정에서 최적의 제품을 추천받을 수도 있다.

또한, 루이 비통Louis Vuitton과 같은 명품 브랜드들은 고객이 매장에서 장인과 함께 직접 커스터마이징을 하거나, 브랜드의 헤리티지를 배울 수 있는 클래스를 운영하기도 한다. 이처럼 공간이 상품 판매처가 아니라, 고객과 브랜드가 교류하는 플랫폼으로 기능할 때, 고객 경험은 훨씬 강렬하고 의미 있게 다가온다.

모든 고객이 동일한 방식으로 브랜드를 경험하는 것은 아니다. 누군가는 빠르고 간결한 쇼핑을 원하고, 또 다른 누군가는 매장에서 오랜 시간을 보내며 제품을 천천히 탐색하길 원한다. 성공적인 공간 디자인은 고객의 다양한 성향과 라이프스타일을 고려하여 유연한 경험을 제공할 수 있어야 한다.

예를 들어, 애플Apple 매장은 고객의 행동 패턴을 분석해 공간을 다르게 활용한다. 빠르게 제품을 구매하고 싶은 고객을 위해 '픽업 스테이션'을 제공하고, 제품을 천천히 체험하고 싶은 고객을 위해 자유롭게 탐색할 수 있는 공간을 마련했다.

스타벅스Starbucks의 리저브 매장은 기존의 일반 매장과 다르게 운영된다. 일반 매장에서는 빠른 주문과 테이크아웃을 중심으로 설계되지만, 리저브 매장은 장시간 머물면서 커피 문화를 경험할 수 있도록 디자인되었다. 바리스타와 대화를 나누며 다양한 원두와 추출 방식에 대해 배울 수 있는 공간을 제공하며, 고객이 브랜드와 더욱 깊이 교류할 수 있도록 한다.

호텔 분야에서도 고객 중심의 개인화된 공간 설계가 이루어지고 있다. 고객의 선호도와 여행 목적에 따라 맞춤형 객실 배치와 서비스를 제공한다. 비즈니스 고객을 위해 업무 공간과 최신식 편의시설이 포함된 객실을 제공하는 한편, 가족 단위 고객을 위해 연결형 객실과 어린이를 위한 별도의 키즈존을 마련하기도 한다.

이처럼 공간을 하나의 정형화된 방식으로 운영하는 것이 아니라, 고객 유형과 기대에 따라 다르게 활용할 수 있도록 설계하는 것이 개인화된 경험을 제공하는 핵심이다. 그렇기에 성공적인 공간 디자인은 고객 유형에 따라 서로 다른 경험을 제공할 수 있도록 유연성을 가져야 한다. 이는 공간의 구획, 동선, 그리고 제공하는 서비스의 종류에까지 영향을 미친다.

또한, 디지털 기술은 공간 디자인에 새로운 차원의 개인화를 더하고 있다. 예를 들어, 이케아^{IKEA}의 AR[*] 앱은 고객이 자신의 집에 가구를 가상으로 배치해 보는 경험을 제공해 구매 전 더 나은 결정을 내릴 수 있도록 돕는다.

나이키^{Nike}는 NIKE BY YOU 스토어에서 고객이 직접 디자인한 운동화를 즉석에서 제작하여 맞춤형 제품을 받을 수 있으며, 이를 통해 제품에 대한 차별화와 소유감을 극대화한다. 공간 안에서 이처럼 디지털 기술을 활용한 경험은 고객과 브랜드를 더욱 깊이 연결하는 매개체가 되고 있는 것이다.

자동차 쇼룸 역시 디지털 기술을 통해 개인 맞춤형 경험을 적극적으로 제공한다. 오늘날의 자동차 쇼룸은 고객이 차량을 둘러보고 시승하는 데 그치지 않고, VR^{**}을 활용한 가상 주행 체험이나 디지털 기반의 개인 맞춤형 차량 설계를 제공하고 있다. 고객은 쇼룸에서 자신의 라이프스타일과 취향에 따라 차량의 컬러, 인테리어, 부가 기능까지 가상 환경에서 미리 구성해 보며, 구매 전에 자신만의 차량을 경험할 수 있다.

개인화된 고객 중심 디자인은 공간을 고객의 이야기를 담는 그릇으로 만드는 과정이다. 고객이 자신의 취향과 감정을 투영할 수 있는 공간, 그리고 그 공간 안에서 자신만의 특별한 경험을 만들

---

* AR(Augmented Reality): 증강현실 기술로, 실제 공간 위에 가상의 이미지를 겹쳐 보여주는 기술.

** VR(Virtual Reality): 가상현실 기술로, 사용자가 실제와 유사한 환경을 체험할 수 있도록 하는 시뮬레이션 기술.

디자인이 곧 비즈니스다

어 갈 수 있는 환경은 브랜드의 가치를 제품 너머로 확장시킨다. 고객은 브랜드가 제공하는 경험을 통해 브랜드의 일부가 되고, 브랜드 역시 고객 개개인의 라이프스타일과 밀접하게 연결되며 더욱 의미 있는 존재가 된다.

이러한 과정에서 고객은 공간의 수동적인 관찰자가 아니라, 그 무대 위에서 적극적으로 움직이고 참여하며 스스로 주인공이 된다. 이는 브랜드가 일방적으로 전달하는 메시지를 넘어, 고객과 브랜드가 함께 만들어 가는 상호작용적 스토리가 된다. 고객이 주체적으로 공간을 경험하고 탐색할수록 브랜드와의 정서적 연결은 더욱 깊어지며, 브랜드는 고객에게 잊을 수 없는 특별한 순간을 선물할 것이다.

결국, 개인화된 경험을 중심으로 공간을 설계하는 것은 브랜드가 고객과 진정한 관계를 맺는 길이자, 지속적으로 고객과 브랜드가 서로 성장해 나가는 문을 여는 열쇠다.

고객이 공간에서 특별함을 느끼고, 자신의 이야기를 창조하며 브랜드를 자신의 삶과 연결 지을 수 있을 때, 그 브랜드는 제품과 서비스 이상의 존재가 된다.

Chapter 6

감동을 남기는 디테일

공간 디자인의 디테일은 종종 눈에 띄지 않는 배경으로 여겨진다. 그러나 바로 그 배경에서, 고객의 감정과 브랜드의 이야기가 만나 연결이 이루어진다. 디테일은 마치 영화 속 작은 소품처럼, 보이지 않지만 스토리를 완성시키는 요소다. 그리고 바로 그 순간들이 브랜드와 고객 사이의 정서적 유대를 형성하기도 한다. '감동의 순간'을 창조하는 마법과도 같은 것이다.

어떤 브랜드를 떠올릴 때, 가장 먼저 떠오르는 것은 무엇일까? 제품이나 서비스가 아니라, 그 브랜드와의 경험일 가능성이 높다. 당신이 한 카페를 기억하는 이유가 커피의 맛뿐만 아니라, 잔의 무게감, 창문 너머로 보이는 계절이 담긴 자연풍경, 햇살이 벽에 만들어 내는 그림자의 움직임, 혹은 잔잔히 귓가에 흐르던 음악 때문이라면, 그곳의 디테일은 이미 당신의 마음을 사로잡은 것이다. 나는 이러한 경험을 '디자인된 감동'이라고 부른다.

작지만 섬세한 배려는 고객에게 깊은 인상을 남긴다. 한 럭셔리 호텔 로비에 들어섰을 때, 공기 중에 은은히 퍼지는 시그니처 향, 대리석 바닥을 걷는 발끝에서 느껴지는 시원한 감촉, 멀리서 들려오는 피아노의 부드러운 선율, 직원들의 따뜻한 미소와 고객 이름이 적힌 웰컴 카드, 그리고 개인 취향을 반영한 음료와 간식을 준비하는 세심함까지, 이 모든 디테일은 따로 떨어진 요소가 아니라 당신을 따뜻하게 맞이하는 하나의 감동이 된다. 호텔 직원이 당신의 이름을 기억하고 먼저 다가와 필요한 것을 물어볼 때, 그 메시지는 명확해진다. "당신은 특별합니다."

디테일이 주는 감동은 공간의 크기나 화려함에 좌우되지 않는다. 오히려 작은 요소가 전체 경험을 좌우한다. 한 레스토랑에서 식사를 할 때, 테이블 위에 놓인 냅킨이 단순히 기능적 역할만 한다면 고객은 이를 기억하지 못할 것이다. 그러나 냅킨이 고객의 이니셜로 정성스럽게 수놓아져 있다면, 그 작은 순간은 고객의 마음에 특별한 기억으로 남을 것이다. 고객은 단순히 음식을 소비하는 것이 아니라, 그 공간에서 자신이 '존중받는다'는 느낌을 받는다.

참여로 완성되는 디테일 역시 공간을 특별하게 만든다. 이탈리아 베로나에 위치한 '줄리엣의 집Juliet's House'은 전 세계에서 온 관광객들이 자신의 사랑 이야기를 자유롭게 적을 수 있도록 벽면을 개방했다. 이 벽은 방문객의 참여와 흔적을 남기며 '줄리엣의 집'의 로맨틱한 스토리를 완성하는 '살아 있는 디자인'이다. 이 작은 참여를 통해 방문객과 공간 사이의 정서적 연결은 깊어진다.

고객이 우연히 발견하는 작은 디테일은 브랜드 경험을 더 특별하게 만든다. 글로시에Glossier 뉴욕 매장은 거울 모서리와 제품이 놓인 진열대 아래쪽 등 예상치 못한 곳에 "YOU LOOK GOOD"과 같이 브랜드의 긍정적이고 유쾌한 메시지를 적어두었다. 고객이 이를 우연히 발견하고 미소 짓게 되는 순간, 브랜드와 고객 사이에는 예상치 못한 즐거움과 감정적 유대가 형성된다.

고객의 여정을 세심하게 고려한 디테일은 무심코 지나치기 쉬운 순간들을 특별하게 만든다. 그 여정 속에서 마주하는 '의도된 발견의 즐거움'이 고객에게 오래도록 기억될 설렘과 여운을 남긴다. 포시즌스 호텔 서울의 찰스 HCharles H. 바는 호텔 지하의 한적한 곳에 숨겨져 있다. 간판조차 없는 이 바의 출입구는 벽면과 동일한 대리석으로 위장되어 있어 쉽게 눈에 띄지 않는다. 그 비밀스러운 문을 열고 들어서는 순간, 고객은 마치 새로운 세계를 발견한 듯한 특별한 감정에 사로잡힌다. 나만이 알고 있는 공간을 찾아낸 듯한 설렘은 브랜드의 희소성과 프리미엄 이미지를 자연스럽게 강화한다.

이러한 숨겨진 공간의 매력은 뉴욕의 PDTPlease Don't Tell에서도 찾아볼 수 있다. 평범한 핫도그 가게 안의 전화부스에서 전화를 걸면, 벽면이 열리며 숨겨진 바가 등장한다. 이곳의 이름 'Please Don't Tell', 그 자체가 비밀스러운 경험을 암시하고 고객의 호기심을 자극하며, 공간에 들어서기 전부터 특별한 기대감을 형성한다. 이처럼 공간의 이름까지도 고객이 직접 탐험하고 발견하는 과정의 일부가 되어, 브랜드와 더 깊은 감정적 연결을 만들어 낸다.

공간에서 상품을 전달하는 포장에서도 브랜드의 섬세한 배려가 드러난다. 디올Dior은 부드러운 질감과 우아한 프린트를 활용하여 제품 자체뿐만 아니라 포장 과정에서도 고객의 촉각과 시각적 경험을 극대화한다. 러쉬Lush는 친환경적인 재료와 직원이 직접 손글씨로 작성한 메시지로 포장에 진심과 개성을 담아낸다.

이처럼 작은 차이가 고객의 마음속에 깊은 감동과 특별한 기억으로 자리 잡는다. 고객이 브랜드와 함께하는 모든 순간에서, 브랜드와 맺을 감정적 요소까지 디테일하게 고려하는 것이 감동을 남기는 디테일의 핵심이다. 고객이 브랜드를 다시 찾는 이유는 단순히 품질 좋은 제품 때문만이 아니다. 공간에 녹아든 세심한 디테일에서 자신을 향한 브랜드의 진심을 발견했기 때문이다.

디테일은 공간에 숨결을 불어넣고, 브랜드의 이야기를 고객에게 가장 가까운 곳에서 들려준다. 그러므로 디테일을 통해 고객의 마음에 특별한 자리를 만들어 보자. 이는 표면적인 디자인의 영역을 넘어, 브랜드와 고객이 공유하는 특별한 순간을 창조하는 것이다.

Chapter 7

쇼핑 경험을 예술로 승화시키다

쇼핑 공간이 변하고 있다. 과거에는 제품을 보기 위해 매장을 방문했다면, 이제 고객은 브랜드 경험, 특별한 순간, 그리고 감동을 찾는다. 제품을 진열하고 판매하는 공간에서 벗어나, 고객이 브랜드의 철학과 가치를 예술적 방식으로 체험할 수 있는 무대로 진화하고 있다. 그리고 고객들은 이를 자신의 라이프스타일과 연결하며 더욱 깊이 있는 경험을 원한다. 이러한 변화를 주도하는 핵심 요소 중 하나가 바로 아티스트와의 협업이다.

아티스트와의 콜라보는 쇼핑 공간을 소비의 공간에서 감각과 상상력이 살아 숨 쉬는 예술적 경험의 공간으로 변화시킨다. 독창적인 설치미술, 브랜드 메시지를 전달하는 전시와 인터랙티브 아트 등은 고객이 마치 갤러리를 방문한 듯한 기분을 느끼며, 브랜드의 이야기를 체험하는 주인공으로 만든다.

루이 비통Louis Vuitton은 예술과 패션의 경계를 허물며 다양한 아티스트와의 협업을 지속적으로 이어오고 있다. 특히 일본 현대미술 거장인 야요이 쿠사마Yayoi Kusama와의 지속적인 협업은 브랜드 아이덴티티를 더욱 강렬하게 각인시킨다. 그녀의 '무한의 물방울' 패턴은 그녀의 강박적이고 반복적인 예술 스타일을 상징하며, 무한한 세계를 향한 탐구를 의미한다. 루이 비통은 이러한 쿠사마의 철학을 브랜드의 아이덴티티와 결합하여 '럭셔리한 무한의 가능성'이라는 메시지를 전달한다. 그녀의 시그니처인 물방울 패턴을 활용한 한정판 컬렉션과 매장 인테리어는 고객이 직접 체험하고 몰입할 수 있는 예술적 경험을 선보인다.

젠틀몬스터Gentle Monster 역시 아티스트와의 협업을 브랜드 철학과 연결하는 대표적인 브랜드다. 이 브랜드는 매장 자체를 하나의 전시 공간처럼 운영한다. 매 시즌마다 새로운 테마의 예술적 공간을 선보이며, 인터랙티브 설치미술을 통해 '미래의 인간', '기계와의 관계' 같은 주제로 공간을 통해 표현한다. 고객이 매장에 들어서면 움직이는 조형물은 매장이 살아 있는 생명체로서 고객과 소통하는 느낌을 준다. 젠틀몬스터 매장은 혁신적인 태도와 실험 정신을 시각적으로 전달하는 무대로 변모한다. 이러한 전략은 고객들이 매장을 방문하는 것 자체를 하나의 예술적 경험으로 여기게 만든다.

런던의 스케치Sketch 레스토랑은 공간 자체가 하나의 예술 작품으로 여겨진다. 다양한 콘셉트의 공간으로 구성된 이 레스토랑은 아트와 디자인이 조화를 이루어 방문객들에게 일상의 식사를 벗어난 다층적인 공간 경험을 선사한다. 가장 유명한 공간인 더 갤러리The Gallery는 부드러운 핑크색 인테리어와 곡선형 가구가 특징이며, 벽면을 가득 채운 아트워크가 공간 전체를 하나의 미술관처럼 보이게 한다. 스케치의 더 글레이드The Glade는 숲속 한가운데에 있는 듯한 느낌을 주는 공간으로, 천장과 벽, 바닥 전체를 뒤덮은 조경과 극적인 조명이 특징이다.

스케치의 화장실은 미래적이고 초현실적인 분위기를 연출한다. 알 모양의 화장실Egg-shaped Toilet Pods은 독특한 형태와 다채로운 색감의 조명 연출을 통해 SF 영화 속 공간처럼 느껴진다. 고객은 이곳에서 브랜드가 만들어 낸 비일상적인 세계에 몰입하게 된다. 이러한 공간 기획 방식은 스케치를 미식과 예술이 공존하는 감각적 무대로 자리 잡게 한다.

브랜드들은 점점 더 매장 내에 예술적 요소를 적극적으로 반영하여 브랜드 감성을 공간에 녹여내고 있다. 고객은 제품만을 구매하는 것이 아니라, 그 주변에 펼쳐진 예술적 풍경 속에서 브랜드가 전하는 감성을 느낀다. 또한 고객은 자신만의 예술적 순간을 기록하고, 소셜미디어에 공유하며, 자연스럽게 브랜드의 메시지를 다른 잠재 고객에게 전하는 역할을 한다. 결과적으로, 이 매장은 고객의 일상을 연결하는 플랫폼으로 자리 잡게 되는 것이다.

아티스트와의 협업은 글로벌 브랜드가 특정 지역과 연결될 수 있는 강력한 전략이기도 하다. 브랜드가 현지 아티스트와 협업할 때, 공간은 브랜드의 글로벌 정체성을 유지하면서도 해당 지역의 문화적 특색을 반영하는 독창성을 갖게 된다. 각 도시의 개성과 예술적 문화를 반영한 디자인을 통해, 현지 고객과의 정서적 연결을 강화하고, 차별화된 브랜드 경험을 제공하는 것이다.

아티스트와의 협업은 공간을 '멋지게' 만드는 데서 끝나지 않는다. 이는 브랜드가 자신의 이야기를 새롭고 창의적인 방식으로 풀어내는 과정이다. 아티스트와의 협업이 성공하려면 단순히 유명한 이름을 내세우는 것이 아니라, 브랜드와 아티스트의 '철학이 진정성 있게 연결되어야' 한다. 고객은 이러한 협업을 통해 시각적 아름다움과 더불어, 브랜드가 전하려는 메시지를 깊이 느끼게 된다.

아티스트와의 협업은 쇼핑 공간을 소비의 무대에서 예술적 경험의 무대로 탈바꿈시킨다. 브랜드와 아티스트가 함께 창조한 공간에서 고객이 몰입하고, 경험하고, 감동할 때, 브랜드는 제품 판매를 넘어, 기억에 남을 특별한 가치를 전달한다.

고객이 떠난 후에도 그 공간에서의 예술적인 순간이 기억 속에 생생히 남아 있다면, 그 브랜드는 소비 이상의 의미를 전달한 것이다.

고객의 목소리가 머무는 공간

공간은 우리가 살아가며 만드는 이야기의 배경이다. 하지만 이야기는 한 번 쓰고 끝나는 것이 아니다. 독자가 페이지를 넘길수록 이야기가 더 풍부해지듯, 공간도 고객과의 상호작용을 통해 끊임없이 진화해야 한다.

고객의 피드백은 이 진화를 위한 숨겨진 보물이다. 물론 처음에는 까다롭고 불편하게 느껴질 수 있다. "좌석이 너무 딱딱해요"라든가, "조명이 너무 어두워서 제품이 잘 안 보여요" 같은 말들이 브랜드의 디자인을 비판하는 것처럼 들릴지도 모른다. 하지만 이것이야말로 공간을 더 나은 방향으로 발전시킬 기회다.

고객 피드백을 반영하는 방식도 점점 진화하고 있다. 기존에는 단순히 오픈 후 고객 반응을 듣고 조정하는 방식이 일반적이었지만, 이제는 처음부터 고객의 의견을 반영하여 매장을 디자인하는 방식도 가능하다. 예를 들어, 브랜드가 온라인 프레젠테이션과 오프라인 워크숍을 통해 고객과 함께 디자인을 만들어 가는 과정을 브랜드 경험으로 만들 수 있다. 이러한 과정은 고객과 끈끈한 관계를 형성하고, 브랜드 충성도를 높이며, 공간에 대한 애착을 불러일으킨다. 무엇보다, '고객과 함께 브랜드를 만들어 간다'는 차별화된 브랜드 이미지를 형성하게 한다.

고객 피드백을 반영한 공간 변화는 리모델링 이상의 가치를 지닌다. 그것은 고객과 브랜드 간의 대화이자, 공간이 살아 숨 쉬는 증거이다. 이는 브랜드의 진정성과 공감을 보여주는 강력한 지표가 된다. 공간은 브랜드와 고객이 '함께' 만들어 가는 이야기의 배경이자, 그 자체로 메시지를 전달하는 매개체이다.

디자인이 곧 비즈니스다

갓 오픈한 공간은 아직 완성되지 않은 캔버스와 같다. 피드백은 고객이라는 화가가 그 위에 그림을 더해가는 과정이다. 고객의 의견은 그저 참고 사항이 아니라, 공간이 진화하는 데 필요한 고유한 색채다.

당신의 공간은 고객과 함께 변화하고 있는가? 고객의 경험이 곧 브랜드의 미래다.

프란앤코의
브랜드 공간 디자인 관점

1. 공간은 브랜드의 본질을 감각으로 번역해야 한다

브랜드는 말이나 글보다 공간에서 더 강하게 느껴진다.

그 브랜드가 어떤 세계관을 지녔는지,

어떤 가치를 고객과 나누고 싶은지,

그 모든 메시지를 색감과 조도, 재료의 결, 가구의 실루엣 같은

감각 요소로 직관적으로 전달해야 한다.

디자이너는 브랜드의 언어를 감각의 언어로 바꾸는 번역가이며,

고객이 공간을 걷는 순간,

'이 브랜드는 이러한 철학을 갖고 있구나'

하고 느낄 수 있어야 한다.

2. 고객은 관객이 아니라, 주인공이 되어야 한다

좋은 공간은 고객에게 브랜드를 '설명'하지 않는다.

대신 고객이 그 안에서 브랜드를

'경험'하고, '느끼고', '자신의 방식으로 반응'

할 수 있도록 설계한다.

'여기에서 나는 브랜드와 연결되어 있다'는 감정적 동화.

그것이 고객 충성도와 기억의 핵심이 된다.

그래서 프란앤코의 브랜드 공간은

언제나 '사용자 동선'과 '심리 흐름'을 가장 먼저 고려하며,

브랜드 안에서 고객이 빛나는 구조를 만든다.

3. 디테일은 브랜드의 감정선을 완성한다

브랜드의 분위기를 결정짓는 건 거대한 구조물이 아니라,

작은 손잡이 하나, 조명의 방향, 마감재의 촉감,

동선이 주는 발견, 향의 잔향, 바닥을 밟는 소리의 리듬,

그리고 공간에 머무는 분위기나,

벽면에 적힌 한 줄 문장 같은 디테일이다.

이러한 요소들이 브랜드에 감정의 온도를 불어넣는다.

프란앤코는 "이 디테일은 왜 여기에 있는가?"

라는 질문을 반복하며,

고객이 무의식적으로도

브랜드에 '감정적으로 머물게 되는' 구조를 설계한다.

4. 공간은 브랜드가 지향하는 미래를 먼저 보여줘야 한다

매장은 단지 상품을 전시하는 장소가 아니라,

브랜드가 꿈꾸는 미래의 방향을 고객에게 보여주는

일종의 '시간의 쇼룸'이다.

그래서 프란앤코는 지금 이 순간의 정체성뿐만 아니라,

5년 뒤, 10년 뒤에도

브랜드가 잃지 말아야 할 감각을 함께 설계에 담는다.

현재의 기능만 반영된 공간은 곧 낡는다.

하지만 미래를 함께 품은 공간은

시간이 흘러도 브랜드의 철학을 지켜낸다.

그래서 프란앤코는 이렇게 묻는다:

"당신의 브랜드는, 어떤 공간에서 기억되고 싶나요?"

그리고 그 질문에 아직 답하지 못한 브랜드에게,

"브랜드의 본질을 감각으로 번역해 볼까요?"

fran & co

Part 4.

선순환 구조를 만드는
업무 공간 전략

[용어 안내]

　이 책에서는 '사무실'과 '오피스'를 서로 다른 뉘앙스로 사용합니다.

· 사무실: '업무 환경'을 바라보는 내부적 관점. 일상적이고 감각적인 장면을 묘사할 때
사용합니다.

· 오피스: '브랜드적 · 경험적 공간'을 바라보는 외부적 관점. 글로벌하고 전략적인 맥락
에서 사용합니다.

당신의 책상이 단순히 업무를 처리하는 곳이 아니라, 영감이 떠오르고, 동료들과 협업하며, 새로운 아이디어가 탄생하는 무대라면 어떨까?

현대의 업무 공간은 효율성을 위해 존재하는 곳에서 벗어나, 창의성과 인간적인 연결을 지원하는 플랫폼으로 진화하고 있다. 또한, 사무실은 이제 업무 공간 이상의 의미를 지니며, 기업의 정체성과 문화를 드러내는 중요한 상징이 되었다.

팬데믹 이후, 전 세계적으로 '일터의 재정의'라는 거대한 물결이 일었다. 정해진 시간, 정해진 장소에서 일하던 방식이 깨지며, 우리는 이제 '하이브리드 근무'라는 새로운 패러다임 속에 살고 있다. 어떤 날은 집에서, 어떤 날은 카페에서, 또 다른 날은 사무실에서. 이런 변화 속에서 기업들은 '사람들이 굳이 사무실로 와야 하는 이유'를 고민하기 시작했다. 바로 그 질문이 업무 공간 혁신의 출발점이다.

이 변화의 중심에는 '유연성'이 있다. 더 이상 업무는 하나의 고정된 책상 위에서만 이루어지지 않는다. 다양한 개인의 성향, 업무의 특성, 팀의 목표에 따라 공간은 자유롭게 조정될 수 있어야 한다. 유연한 업무 공간은 집중, 협업, 휴식이 자연스럽게 흐르는 환경을 만들며, 직원들에게 더 큰 자율성과 심리적 안정감을 제공한다. 기업은 이러한 유연성을 설계할 수 있어야만, 빠르

---

* 하이브리드 근무(Hybrid Work): 고정된 사무실 출근 방식에서 벗어나, 집, 카페, 공용 오피스 등 다양한 장소에서 유연하게 일하는 업무 방식. 디지털 기술을 활용해 업무의 시간과 장소에 대한 자율성을 확대하는 근무 형태로, 팬데믹 이후 급속히 확산되었다.

게 변화하는 환경 속에서도 지속 가능한 성과를 낼 수 있다.

효율성을 높이는 공간은 직원들이 업무를 더 빠르고 더 잘 처리할 수 있도록 돕는다. 그렇다면 창의성은? 창의성을 자극하는 공간은 직원들에게 상상력을 발휘하고, 팀과 자유롭게 소통하며, 일상의 문제를 새롭게 바라볼 수 있는 환경을 제공한다. 효율성과 창의성, 이 두 가지 목표는 마치 두 개의 줄다리기 같다. 잘 설계된 공간은 이 둘을 모두 만족시키는 균형 잡힌 해법이 될 수 있다.

Part 4에서는 업무 공간 혁신의 다양한 사례와 전략을 살펴볼 것이다. 전통적인 사무실이 어떻게 혁신적인 공간으로 변화했는지, 협업과 집중 사이의 균형을 어떻게 잡을 수 있는지, 그리고 다양한 근무 스타일을 지원하는 맞춤형 공간이 무엇인지를 다룬다. 오피스 공간에서의 호스피탈리티 디자인[*]이 왜 중요한지, 바이오필릭 디자인[**]과 같은 요소가 직원들의 웰빙과 행복감을 높이는 데 어떤 기여를 하는지도 살펴볼 것이다.

---

[*] 호스피탈리티 디자인(Hospitality Design): 본 책에서는 호텔, 리조트, 레스토랑 등에서 사용하는 환대 중심의 공간 디자인 개념을 사무실이나 비즈니스 공간에 적용하는 방식을 뜻한다. 직원과 방문객 모두가 편안하고 감성적인 경험을 할 수 있도록 조명, 가구, 소재, 서비스 흐름 등을 정교하게 설계하는 것이 특징이다.

[**] 바이오필릭 디자인(Biophilic Design): 식물, 자연광, 물, 자연 질감 등의 요소를 실내 공간에 도입하여, 사람과 자연의 연결을 회복시키는 공간 디자인 방식. 스트레스 감소, 집중력 향상 등 사용자의 심리적, 신체적 웰빙에 긍정적인 영향을 준다.

하지만 공간의 변화는 직원들에게 혼란을 줄 수도 있다. 새로운 디자인은 기대를 불러일으키지만, 동시에 저항과 불안감을 초래할 수 있다. 체인지 매니지먼트 는 바로 여기서 중요하다. 직원들이 공간 변화에 참여하고, 그 변화를 통해 스스로의 가치를 발견하도록 돕는 것이 성공적인 업무 공간 혁신의 열쇠다.

마지막으로, 우리는 혁신적인 공간 디자인의 성과를 어떻게 측정할 것인지에 대해 논의할 것이다. 단순히 '멋지다'로 끝나는 공간은 의미가 없다. 그 공간이 직원들의 만족도, 생산성, 그리고 기업의 성장에 어떤 영향을 미쳤는지를 데이터로 증명해야 한다. 성공적인 공간은 단순히 예쁘거나 트렌디한 공간이 아니라, 사람들의 삶의 질을 향상시키고, 기업의 비전을 현실로 만드는 공간이다.

이제 당신의 업무 공간에 숨겨진 가능성을 발견할 시간이다. 책상과 벽을 넘어, 공간이 직원들의 영감과 열정을 키워내는 진정한 무대가 되는 방법을 함께 알아가 보자. 업무 공간이 새로워지면, 일하는 방식도, 일에 대한 태도도, 그리고 성과도 달라진다. 기업은 지속 가능한 성공을 이루게 된다. 업무 공간의 혁신은 바로 이 선순환의 중심에서 시작된다.

지금 이 순간, 당신의 회사는 이 선순환을 시작할 첫걸음을 내디딜 준비가되어 있는가?

---

* 체인지 매니지먼트(Change Management): 변화 관리. 직원들이 공간 변화에 참여하고 적응하며, 그 변화를 통해 개인적 성장과 조직의 목표를 함께 발견하도록 돕는 전략적 과정

Chapter 1

전통적 업무 공간 변화의 필요성

출근해야 하는 곳에서 가고 싶은 곳으로

당신의 사무실은 어떤 기분을 느끼게 하는가? 문을 열고 들어서는 순간, 눈앞에 펼쳐진 풍경은 어떤 모습인가? 무채색의 벽, 칸막이로 나뉜 책상들, 그리고 서로에게 말을 거는 것이 어색한 정적. 하루의 대부분을 보내는 공간이지만, 그곳은 당신에게 영감을 주는가, 아니면 그저 시간을 보내는 곳일 뿐인가?

전통적인 업무 공간은 효율성을 최우선으로 설계되었지만, 정작 그 안에서 일하는 사람들의 창의성과 열정을 담아내기엔 한계가 있었다. 시대는 변했다. 사무실은 더 이상 기능적이기만 한 업무 공간이 아니라, 협업하고 배우며 영감을 받는 공간으로 변화해야 한다. 그렇지 않다면 직원들은 현재의 '시간을 보내는 장소'에서 벗어나 '더 의미 있는 가치'를 찾기 위해 떠날지도 모른다.

팬데믹 이후, 많은 회사가 하이브리드 근무를 도입하면서 사무실의 필요성은 다시금 재정의되고 있다. 직원들은 이제 사무실이 단순히 '출근해야 하는 곳'이 아니라, '가고 싶은 곳'이길 기대한다. 그 기대에 응하지 못한다면, 사람들은 집에서 일할 이유를 더 쉽게 찾을 것이다.

전통적 업무 공간은 과거 산업화 시대의 유산이다. 당시 사무실은 규율과 질서를 중시하며, 모든 직원이 동일한 환경에서 동일한 방식으로 일할 것을 기대했다. 하지만 오늘날의 업무 환경은 더 이상 그렇지 않다. 기술의 발전과 팬데믹 이후의 변화는 사람들이 어디에서나, 심지어 집에서도 생산적으로 일할 수 있음을 보여줬다. 이제 기업은 사무실이라는 공간을 제공하는 것을 넘어, 왜 그곳에서 일해야 하는지에 대한 명확한 이유를 제시해야 하는 시대가 되었다.

새로운 세대가 일하고 싶은 공간

또한, 새로운 세대의 직원들은 유연하고 자유로운 환경을 중요하게 생각하며, 딱딱하고 경직된 공간에서 일하는 것을 원하지 않는다. 실제로, 글로벌 부동산 컨설팅 기업인 CBRE의 보고서에 따르면, 밀레니얼 세대의 약 70%가 더 나은 업무 공간을 얻기 위해 연봉이나 승진 기회 같은 혜택을 포기할 수도 있다고 답했다.

글로벌 회계 · 경영 컨설팅 기업 PwC의 조사에서는, 81%의 응답자가 업무 공간 디자인이 생산성에 중간 또는 높은 영향을 미친다고 평가했으며, 공용 공간의 설계 또한 직무 만족도에 중요한 영향을 미친다고 답했다. 그만큼 사무실 환경이 곧 기업의 경쟁력이 되는 시대다.

다양한 업무 스타일, 다양한 공간

전통적인 사무실이 가진 가장 큰 문제는 직원 개개인의 다양한 업무 스타일을 반영하지 못한다는 점이다. 과거에는 모든 직원이 같은 책상에 앉아 정해진 시간 동안 일하는 것이 당연했지만, 지금은 다르다.

업무 공간의 사용 방식은 직원마다 크게 다르다. 조용한 환경에서 몰입해서 작업해야 하는 직원이 있는가 하면, 동료들과 즉흥적으로 아이디어를 주고받으며 협업하는 것이 더 중요한 직원도 있다. 또 어떤 직원은 듀얼 모니터와 넓은 책상이 반드시 필요하지만, 노트북 하나만으로도 유연하게 작업할 수 있는 직원도 있다. 정형화된 데스크보다는 카페 같은 분위기에서 일할 때 오히려 능률이 오르는 직원도 있다.

업무 유형에 따라 필요한 공간도 달라진다. 하루 종일 그룹 팀 회의를 진행해야 하는 팀에게는 넉넉한 대형 미팅룸이 필수적이지만, 깊이 있는 사고가 필요한 직원에게는 외부 소음을 완전히 차단해 주는 작은 포커스 룸[*]이 절실하다. 또한, 전화 통화를 자주 하는 직원에게는 프라이빗한 폰 부스^{**}가 필요하고, 외근이 잦은 직원은 사무실에서 1~2시간 정도만 간단히 정리할 수 있는 유연한 좌석이 있으면 충분하다.

이처럼 업무 스타일에 따라 필요한 공간은 다 다를 수밖에 없다. 하지만 전통적인 사무실 구조는 모든 직원을 같은 방식으로 일하게 하며, 창의적 사고와 유연한 협업을 제한한다. 사무실은 효율성만을 강조한 나머지, 직원들의 다양성을 간과해 버렸다. 일하는 방식이 다르면, 필요한 공간도 달라야 한다.

변화는 가능하다. 그리고 변화된 공간은 새로운 선순환을 만들어 낼 수 있다. 사람들의 다양한 업무 스타일을 존중하고, 각자가 필요로 하는 것을 제공하는 맞춤형 환경이 조성될 때, 직원들은 최상의 성과를 낼 수 있을 것이다.

기업의 철학을 담은 사무실

또한, 과거의 사무실은 단순히 '일을 하는 공간'이었지만, 오늘날 사무실은 '기업의 철학과 비전, 조직 문화를 담는 공간'으로 진

---

[*] 포커스 룸(Focus Room): 집중이 필요한 업무를 수행할 수 있도록 외부 소음과 시선을 차단한 1~2인용 공간. 주로 깊은 사고, 기획, 글쓰기 등의 작업에 적합하다.

^{**} 폰 부스(Phone Booth): 전화 통화나 화상회의를 조용하게 할 수 있도록 방음 기능을 갖춘 작은 공간. 외부 소음을 줄이고 통화 시 주변 사람들에게 방해가 되지 않도록 돕는다.

화하고 있다. 투명하고 개방적인 문화를 상징하는 오픈 플랜 디자인* 부터, 최신 기술을 도입한 스마트 오피스, 지속 가능성을 고려한 친환경 소재 사용, 창의적인 대화를 위한 라운지, 업무 중 가볍게 대화를 나누거나 휴식을 취할 수 있는 회사 내 카페, 리프레시를 위한 게임 존, 직원의 건강을 고려한 인체공학적 가구, 그리고 자연을 담은 실내 조경까지, 이 모든 요소는 공간을 통해 기업의 비전과 가치를 담아내는 중요한 매개체가 된다.

공간이 곧 브랜드다. 기업의 정체성이 공간에 반영될 때, 직원들은 자신이 속한 조직의 문화와 철학을 자연스럽게 체험하게 되고, 이는 조직에 대한 소속감과 충성도로 이어진다. 이는 외부의 잠재적 고객과 파트너에게도 기업의 정체성을 더욱 강력히 전달한다.

전통적인 공간에서 느껴지는 경직된 분위기는 직원들을 소외감 속에 가둘 수 있다. 하지만 공간이 사람을 대하는 방식이 달라지면, 사람도 회사에 대한 태도가 달라진다.

공간은 말없이 메시지를 전한다

잘 설계된 공간은 직원들에게 "우리는 당신이 필요로 하는 것을 이해하고 존중합니다"라는 메시지를 전달한다. 예를 들어, 사무실 한쪽에 위치한 아늑한 카페 스타일의 라운지는 휴식 공간 이상의

---

* 오픈 플랜 디자인(Open Plan Design): 벽이나 칸막이 없이 넓은 공간을 여러 사람이 공유하도록 설계된 사무실 구조. 직원 간의 소통과 협업을 촉진하기 위해 도입되었지만, 동시에 소음과 사생활 부족이라는 과제도 함께 지적되고 있다.

디자인이 곧 비즈니스다

의미를 가진다. 이는 직원들에게 "당신의 편안함도 우리의 생산성만큼 중요합니다"라는 메시지를 보낸다. 직원들이 '나는 이 조직의 중요한 일부다'라는 감각을 자연스럽게 느낄 때, 이는 더 높은 참여도와 충성심으로 이어지고, 결국 회사의 성과로 연결된다.

공간이 곧 기업의 경쟁력이다

업무 공간을 혁신적으로 재구성하는 것은 기업에게 도전이자 기회다. 이는 단순히 공간을 재배치하거나 인테리어를 교체하는 것 이상의 의미를 가진다. 초기 투자와 직원들의 적응 과정이라는 부담이 따를 수 있지만, 장기적으로 보면 이는 직원들의 만족도를 높이고, 소속감을 높이며, 창의적 문제 해결이 자연스럽게 이루어지면서, 기업의 비즈니스 목표를 달성하는 데 필수적인 역할을 할 것이다. 이는 물리적 환경을 개선하는 것이 아니라, 직원들의 경험과 회사의 성과를 연결하는 새로운 방식이다.

결국, 전통적 업무 공간에서 혁신적 공간으로의 전환은 기업의 경쟁력을 유지하기 위한 필수 전략이다. 직원들이 '출근해야 하는 곳'이 아니라, '출근하고 싶은 곳'을 만드는 것은 기업의 미래를 위한 가장 강력한 투자다.

잘 설계된 사무실은 그 안에 있는 사람들의 열정을 깨우고, 기업의 비전을 실현하는 데 중요한 역할을 한다. 그리고 그 첫걸음은, 사무실을 '그냥 일하는 곳'에서 '사람들이 꿈을 실현할 수 있는 곳'으로 바뀌는 순간부터 시작된다.

Chapter 2

업무 공간 심리

업무 공간은 심리적 환경이다

업무 공간은 책상, 의자, 벽이 전부라고 생각하는 순간, 당신의 회사는 직원들의 잠재력을 가로막고 있는지도 모른다. 사실, 공간은 보이지 않는 심리적 에너지를 품고 있다. 우리의 사고, 행동, 창의성, 심지어 팀워크까지도 공간에 따라 크게 달라진다. 만약 지금 당신이 앉아 있는 사무실이 숨이 막힐 정도로 답답하고, 회의실에선 아이디어 하나 떠오르지 않는다면, 그 공간이 직원들의 생산성과 창의성을 어떻게 무너뜨릴 수 있는지 이미 체감하고 있을 것이다.

우리가 하루 대부분의 시간을 보내는 업무 공간은 그 자체로 생산성과 창의성을 결정짓는 중요한 요인이 된다. 그러나 많은 기업들은 공간을 비용 절감과 효율성을 위한 도구로만 바라보고, 업무 공간이 우리의 감정과 사고방식, 행동을 형성하는 심리적 도구라는 사실을 간과한다. 공간은 때론 동기를 불어넣고, 때론 무기력함을 유발하는 '심리적 환경' 그 자체다. 그 안에서 '효율성'과 '창의성'이라는 두 개념이 어떻게 조화를 이루느냐가 조직의 성공을 좌우할 것이다.

효율성을 재정의하다

우리는 익숙하게 사용하던 '효율성'의 개념부터 다시 살펴볼 필요가 있다. 오늘날의 효율성은 속도와 생산성에 국한되지 않고, 업무 흐름을 최적화하는 환경과 불필요한 방해 요소를 최소화하는 설계까지 포함하는 개념으로 확장되고 있다. 업무 흐름이 끊기지 않는 동선, 소음을 최소화한 레이아웃, 그리고 팀과 개인 모두를 배려한 유연한 공간 활용 등이 중요한 요소로 자리 잡고 있다.

예를 들어, 과거의 업무 공간에서는 프린터기가 열린 공간에 배치되면서 프린트 소음이 집중도를 떨어뜨리곤 했다. 이제는 자주 사용하는 팀 가까이에 OA룸*을 배치하되, 소음을 최소화할 수 있도록 ㄷ자 형태의 포켓 공간이나 독립된 룸 형태로 설계하는 방식

---

* O.A.룸(Office Administration): 복사기, 프린터, 스캐너, 분쇄기 등 공용 사무기기가 위치한 공간

을 사용한다. 이를 통해 직원들의 불필요한 이동을 줄여줄 뿐만 아니라, 조용한 환경에서의 몰입을 가능하게 한다.

회의 공간 역시 효율성과 직결된다. 대형 미팅룸 하나만 있는 구성은 실제 사용 빈도와 맞지 않는 경우가 많다. 현실에서는 2인에서 6인의 소규모 회의가 훨씬 자주 발생하며, 이를 고려해 다양한 크기의 미팅룸을 배치하는 것이 점점 중요해지고 있다. 단순히 방 개수를 늘리는 것이 아니라, 실제 사용자의 회의 패턴을 사전 조사하고 분석하여, 공간이 낭비되지 않도록 세밀하게 설계하는 것이다. 이것이 진정한 의미의 효율성이다.

효율적인 공간 설계는 창고에서도 새로운 방식으로 나타난다. 종이 문서 보관을 위해 넓은 공간이 필요했던 시대는 지났다. 오늘날은 디지털 문서화가 보편화되면서 물리적인 창고 공간을 최소화하고 있다. 이동식 선반 시스템인 모빌랙*을 배치하거나, 장기 보관이 필요한 자료는 외부 스토리지에 위탁함으로써, 더 이상 오피스 공간을 문서 보관용으로 낭비하지 않아도 된다. 이렇게 확보된 공간은 웰빙을 위한 휴게 공간이나 카페 존, 협업 라운지 등 직원들이 실제로 활용할 수 있는 가치 있는 장소로 재탄생될 수 있다.

---

* 모빌랙(Mobile Rack): 공간 효율성을 높이기 위해 레일을 따라 이동 가능한 구조로 설계된 수납 시스템. 주로 문서, 자재, 재고 등을 밀도 높게 보관하는 데 사용된다.

서버룸[*]의 위치 역시 효율성과 직결되는 또 다른 요소다. 서버룸은 열과 소음을 동반하고, 온도와 습도를 정밀하게 조절해야 하는 공간이기 때문에, 업무 공간과는 일정 거리를 두면서도 관리가 쉬운 위치에 배치하는 것이 바람직하다. 이런 설계를 통해 IT 시스템은 안정적으로 운영되고, 직원들은 소음이나 열기에서 벗어난 쾌적한 환경에서 집중력을 유지할 수 있다.

전통적인 사무실 구조는 직원마다 개인 책상이 고정되어 있고, 협업을 위한 회의실이 따로 마련된 형태가 대부분이었다. 그러나 코로나19 팬데믹 이후 재택과 출근을 병행하는 하이브리드 근무가 정착되면서, 사무실 책상들의 실제 점유율이 크게 낮아졌다.

Forbes에 따르면, 세계 사무실 빌딩의 일일 점유율은 요일이나 위치에 따라 약 20%에서 70%까지이며, 팬데믹 이전 평균인 약 80%에 비해 크게 감소했다고 분석했다. 또한, 미국 The Conference Board의 2024년 조사에서는 주간 평균 출근율이 2022년 말 이후 약 50% 수준에서 유지되고 있다고 밝혔다.

국내 상황도 크게 다르지 않다. 외근, 재택근무, 출장, 휴가 등 다양한 근무 패턴으로 인해 고정 좌석은 오히려 공간 낭비가 되는 경우가 많다.

이러한 현실을 반영해 등장한 것이 '자율좌석제'다. 자율좌석제

---

[*] 서버룸(Server Room): 전산 서버, 네트워크 장비, 보안 시스템 등이 설치된 공간으로, 사무실의 IT 인프라를 안정적으로 운영하기 위한 핵심 시설. 온도 및 습도 조절, 보안 관리가 필수적이다.

는 직원에게 지정된 자리 없이, 출근하는 날에 빈 좌석을 자유롭게 선택해 사용하는 방식이다. 이를 통해 직원 수보다 적은 좌석으로도 운영이 가능해지며, 임원실과 개인 좌석을 줄이고, 공용 업무 공간을 확장함으로써, 공간의 활용도와 유연성을 동시에 높이는 전략적 구조로 자리 잡고 있다.

무엇보다 주목해야 할 변화는 '계급'을 중심으로 이뤄졌던 과거의 공간 배치에 대한 재해석이다. 전통적으로 창가 좋은 자리는 매니저들의 공간이었고, 일반 직원들은 건물 안쪽에서 일하는 구조가 대부분이었다. 그러나 최근에는 일반 직원들의 워크스테이션을 창가 쪽에 배치하고, 매니저룸은 줄이거나 축소하는 방향으로 바뀌고 있다. 자연광이 더해진 쾌적한 자리에서 직원들이 일할 수 있도록 배치하는 것은, 직원 개개인의 복지와 몰입을 고려한 설계다. 이는 또한 수직적인 권위보다는 '수평적'인 협업을 추구하는 조직 문화의 변화이기도 하다.

이러한 변화는 좌석 배치 방식에서도 드러난다. 과거의 ㄱ자형이나 일자형 책상 대신, 보다 유연한 형태의 책상 구성과 레이아웃이 도입되면서 사무실 분위기는 훨씬 더 자유로워지고, 자연스러운 소통이 가능해졌다. 하나의 공간 안에 팀워크를 위한 오픈형 협업 공간과, 깊은 집중이 필요한 개별 업무 공간이 조화롭게 공존한다.

특히, 팀 간의 빠른 의견 교환이 가능하도록, 자리 근처나 부서들 사이에 마련된 오픈 미팅 공간은 모두 이런 흐름의 결과다. 협업을 위한 공간은 점점 더 정교하게 진화하고 있다. 동시에, 몰입이 필요한 순간에는 조용히 자신만의 리듬으로 일할 수 있도록 도서관 형태의 업무 공간이나 포커스 룸이 따로 마련되고 있다.

결국, 효율성이란 속도가 아니다. 최적화된 환경에서 최고의 결과를 만들어 낼 수 있는 업무 흐름과 구조의 문제다. 더 빠르게 일하는 조직이 아니라, 더 똑똑하게 일할 수 있는 환경을 갖춘 조직. 그것이 오늘날 우리가 추구해야 할 '새로운 효율성'의 정의다.

창의성은 설계할 수 있다

그리고 이제, 조직이 진정한 성장을 원한다면 '창의성'이라는 또 하나의 핵심 축을 마주해야 한다. 창의성은 영감이 떠오르기를 기다리는 것이 아니다. 창의성은 공간이 제공하는 자유로움과 심리적 안정감 속에서 피어나는 감정이며 사고의 흐름이다. 회의실 벽에 자유롭게 아이디어 메모를 붙이거나, 편안한 소파에 앉아 동료들과 생각을 나누고, 우연히 마주친 동료와 커피를 마시며 대화를 나누는 순간들처럼, 창의성은 일상 속 예상치 못한 순간과 장소에서 조용히 고개를 든다.

우리는 종종 창의적인 공간을 떠올릴 때, 컬러풀한 가구나 개성 넘치는 인테리어를 연상하곤 한다. 하지만 진정한 창의성은 외적인 장식이 아닌, 감정을 움직이고 사고를 흐르게 하는 환경 속에서 피어난다. 사람은 불편하고 억압적인 분위기에서는 자신을 드러내거나 새로운 아이디어를 떠올리기 어렵다. 그렇기에 창의성을 설계한다는 것은 결국, 사람의 마음을 설계하는 일이다.

구글Google은 사무실에 미끄럼틀을 두고, 빈백 소파와 창의적인 테마로 꾸며진 라운지를 마련하여 고정된 사고의 틀에서 벗어나도록 하고 있다. 애플Apple은 누구나 아이디어를 적고 공유할 수 있도록 사무실 곳곳에 화이트보드를 배치해, 생각이 공간 안에서 자유롭게 흘러가도록 하고 있다. 마이크로소프트Microsoft는 각 지역의 정체성과 문화를 창의적으로 반영한 사무실을 통해, 도시마다 다른 감성과 풍경으로 직원들에게 창의적 영감을 제공하고 있다. 글로벌 기업들은 창의성이 자라나는 그 순간들을 미리 읽고 디자인에 담아내고 있다.

창의성을 자극하는 공간 유형

이처럼 창의성은 분위기와 감정의 결을 타고 흐른다. 그렇다면 실제 업무 공간 안에서는 어떤 유형의 공간들이 이러한 흐름을 자연스럽게 도와줄 수 있을까?

- 아이디어 랩Idea Lab: 팀원들이 자유롭게 의견을 나누고 브레인스토밍을 할 수 있는 공간이다. 벽 전체를 화이트보드로 활용하거나 포스트잇을 붙일 수 있도록 구성하고, 다양한 시각 자료와 디지털 스크린, 프로젝터 등 창의적 회의를 돕는 장치들을 사용해 생각을 시각화하고 바로 공유할 수 있도록

디자인이 곧 비즈니스다

돕는다.

- 스크럼 존Scrum Zone: 자리 근처에서 빠르게 회의하고 의견을 주고받을 수 있는 작은 오픈 아지트 같은 공간으로, 이동식 가구와 스툴, 화이트보드가 함께 배치되어 팀원 간의 빠른 피드백이 가능하도록 한다.

- 오픈 콜라보레이션 존Open Collaboration Zone: 팀 간의 자연스러운 연결을 위한 개방형 협업 공간이다. 워크스테이션 사이 또는 코너 공간에 배치하여 자리에서의 이동 동선을 최소화하면서 자연스러운 아이디어 교류를 유도한다.

- 멀티센서리 스튜디오Multisensory Studio: 조명, 향기, 텍스처 등 다양한 감각을 자극해 창의적 사고를 열어주는 공간이다. 색 온도를 조절할 수 있는 스마트 조명, 향기 디퓨저, 촉감을 자극하는 텍스처 월 등이 결합되어, 감각 기반의 업무나 제품 디자인을 다루는 팀에게 특히 효과적이다.

- 미디어 스튜디오Media Studio: 콘텐츠 제작, 프레젠테이션, 유튜브 등의 영상을 제작하는 전용 공간이다. 브랜드 홍보만 아니라 사내 교육이나 크리에이티브한 자료 준비에도 활용된다. 영상을 통한 소통이 대중화되면서, 많은 기업들이 영상 촬영 공간을 마련하고 있는 추세다.

- 게임 존Game Zone: 팀원들이 가볍게 놀 수 있는 공간이면서도, 정서적 긴장을 풀고 뇌를 새롭게 자극할 수 있는 곳이다. VR 게임, 포켓볼, 푸즈볼, 보드게임 등을 배치하여 직원 간

의 자연스러운 교류를 유도하고, 새로운 시각을 위한 틈을
만들어 준다.

우연한 만남을 전략화하다

이와 더불어, 실리콘밸리 기업들이 주목하는 창의적 공간 전략
중 하나가 바로 '세렌디피티Serendipity 효과'다. '우연한 만남'이 전
혀 새로운 아이디어로 이어지는 현상을 의미하는 이 개념은 창의
적 환경 설계에 중요한 힌트를 준다.

픽사Pixar는 회사 중심부에 공간들을 잇는 넓은 로비를 두어 모
든 팀이 자연스럽게 마주칠 수 있도록 설계했다. 또한, 구글Google
은 사내 카페에서 이루어지는 즉석 회의를 중요하게 여기며, '식
사도 협업의 일부'라는 철학을 실현하고 있다. 이들은 '우연한 마
주침'을 전략적으로 디자인한 것이다.

세렌디피티 공간은 카페 존, 오픈 라운지, 계단형 좌석, 회의실
앞의 여유 공간뿐만 아니라, 복도 끝 창가에 놓인 작은 테이블이
나 실내 조경 옆 벤치처럼, 의도하지 않은 교류를 유도하는 장소
들로 이루어진다. 겉보기에 별다른 기능이 없어 보일 수 있지만,
이곳에서 예상하지 못한 만남과 대화가 시작되고, 그것이 새로운
아이디어의 시작점이 되기도 한다.

틀에 얽매이지 않은 공간에서, 틀을 깨는 생각이 시작되는 것이다.

디자인이 곧 비즈니스다

성과는 공간에서 시작된다

이 챕터에서 새롭게 정의한 효율성과 창의성을 동시에 고려한 업무 공간은 직원들에게 일터 이상의 의미를 부여한다. 직원들이 심리적으로 안정감을 느끼며, 자신의 능력을 최대한 발휘할 수 있는 공간은 조직의 성과와도 직접적으로 연결된다. 업무 공간은 더 이상 단순 비용으로 여겨지는 것이 아니라, 투자로 인식되어야 한다.

잘 설계된 공간은 직원들의 하루를 바꾸고, 결국 회사 전체의 성과를 바꾼다. 이 공간에서 직원들은 일만 하는 것이 아니라, 성장하고 배우며 새로운 아이디어를 만들어간다. 효율성과 창의성을 모두 갖춘 공간이야말로 현대 업무 공간의 궁극적 목표다.

Chapter 3

유연성의 시대

선택이 유연성을 만든다

이제 업무 공간은 한 가지 일의 방식을 고집하던 과거의 유산에서 벗어나야 할 때다. 일은 책상 하나에 머물러 있지 않고, 팀마다, 사람마다, 그리고 순간마다 그 방식이 달라진다. 일의 정의가 다양해진 지금, 공간 역시 그만큼 유연하고 섬세해져야 한다.

우리는 지금 '유연성'이 중심이 되는 새로운 시대에 살고 있다. 하이브리드 워크는 일상이 되었고, 재택과 출근을 넘나드는 리듬은 시간과 공간의 경계를 흐리고 있다. 예전처럼 '모두가 같은 시간에, 같은 장소에서' 일하는 구조는 더 이상 지속 가능하지 않다. 이제는 '언제, 어디서, 어떻게 일할 것인가'를 스스로 선택할 수 있는 환경이 필요하다.

현대의 업무 환경은 다양성을 요구하며, 사람마다 다른 업무 스타일과 생산성의 리듬을 고려한 유연한 공간이 필요하다. 유연성은 트렌드가 아니라, 변화하는 업무 세계에서 경쟁력을 유지하기 위한 전략적 요소다.

업무 공간 역시 이제는 물리적 구조를 넘어, '어떻게 일할 것인가'에 대한 철학을 담는 그릇이 되어야 한다. 이것이 바로 지금 우리가 '유연한 공간'에 주목해야 하는 이유다.

유연성이라는 개념을 이야기할 때, 우리는 흔히 '무엇이든 자유롭게 할 수 있다'는 식의 무한한 자유를 떠올린다. 하지만 진짜 유연성은 무한한 자유가 아니라, 현명한 선택이 가능한 환경을 뜻한다. 직원들이 업무 시간과 공간, 방식에 대해 스스로 선택할 수 있는 여지를 갖는 것. 그것이 지금 우리가 주목해야 할 유연성이다.

일의 리듬에 따라 공간을 선택하다

이제는 고정된 좌석이나 반복되는 동선이 아니라, '오늘 나는 어떤 방식으로 일하고 싶은가?'에 따라 자리를 선택하는 시대다. 집중이 필요한 날에는 조용한 공간에서 몰입하고, 협업이 필요한 날에는 아이디어를 나누기 좋은 곳으로 옮긴다. 이처럼 다양한 업무 리듬에 맞춰 일할 수 있도록 돕는 것이 오늘날의 업무 공간이 해야 할 역할이다.

이러한 흐름을 대표하는 공간 전략이 바로 '활동 기반 업무 환경

ABW: Activity−Based Working'이다. 이는 고정된 자리가 아닌, 업무 목적에 따라 가장 적합한 공간을 선택해 일할 수 있도록 설계하는 방식이다. ABW는 집중, 협업, 회의, 회복뿐만 아니라 학습, 소셜 교류, 짧은 업무처리, 개인 통화, 이동 등 다양한 활동 유형에 따라 공간을 구분하고, 직원들이 자신의 리듬에 맞게 유연하게 이동하며 일할 수 있도록 한다.

일의 방식을 재설계하다

나이키Nike는 'NIKE Freestyle'이라는 콘셉트 아래 'Work whenever you want, where you want'라는 철학을 실현하고 있다. 이는 직원의 개인 리듬과 선택권을 존중하는 오피스를 만든다. '업무의 방식'을 다시 디자인하는 것이다. 공간의 중심이 회사가 아니라 '직원 개인'으로 옮겨가는 흐름. 이는 단순히 공간의 변화가 아니라 기업 문화의 혁신이기도 하다.

유연한 공간이 담아내는 것들

직원들이 그날의 리듬에 따라 공간을 선택하고, 스스로 일의 방식을 결정할 수 있을 때, 비로소 유연성은 실현된다. 유연한 공간은 이러한 다양성을 담아내는 그릇이다. 그 공간 안에는 몰입할 수 있는 깊이와, 협업할 수 있는 여백, 그리고 혼자만의 속도를 허

디자인이 곧 비즈니스다

용하는 배려가 동시에 존재한다.

몰입이 필요한 순간, 협업이 필요한 순간, 그리고 감정적 회복이 필요한 순간—이 세 가지 리듬은 현대인의 업무 흐름을 대표하는 키워드다. 조용한 코너에서 일하는 사람도, 활기찬 오픈존에서 일하는 사람도 자신의 스타일에 맞는 방식으로 최고의 결과를 낼 수 있다.

이제, 이 상황들을 어떻게 공간으로 담아낼 수 있는지 살펴보자.

몰입이 필요한 순간, 어떤 공간이 필요한가?

"방해받지 않을 수 있다는 것은 최고의 집중력을 만든다"

 직장인은 하루 평균 1분에 한 번씩 업무 흐름이 끊긴다고 한다. 그 원인은 이메일 알림이나 옆자리의 통화 소리, 불쑥 들어온 회의 요청처럼 사소한 것들이다. 하지만 그런 '작은 방해'는 결코 사소하지 않다. 집중이 깨진 뇌는, 다시 몰입하기까지 평균 23분이 걸린다고 한다. 이쯤 되면 문제는 단순히 '소음'이 아니라, 조직 전체의 생산성이다.

 한 명의 직원이 있다. 오늘 그는 중요한 기획안을 마감해야 한다. 메일은 쉴 새 없이 오고, 주변에서 전화가 울리고, 누군가는 옆자리에서 회의 중이다. 그 순간, 그는 회의실 대신 '딥워크 존'으로 발걸음을 옮긴다.

 그 공간은 조용한 긴장감이 흐른다. 책상마다 낮은 파티션이 있고, 시선이 자연스럽게 차단된다. 조도는 부드럽고 따뜻하며 스마트 조명이 시간이 지날수록 자연광에 맞춰 조도를 바꾼다. 긴장과 몰입 사이의 균형을 잡아준다. 음악은 없다. 대신 벽면에 흡음재가 부착되어 있어 침묵이 정돈되어 있다.

이런 공간이 필요한 심리적 이유는?

심리학자 미하이 칙센트미하이(Mihaly Csikszentmihalyi)는 말한다. "몰입 상태에 진입하려면, 환경이 생각의 흐름을 끊지 않아야 한다" 몰입은 생각의 파동이 방해받지 않으면서도, 자연스럽게 흐르는 심리적 환경에서 발생한다. 몰입은 조용한 방 하나가 아니라, 심리적 존중이 깃든 설계의 결과다.

실제 사례는?

나이키(Nike)는 사무실에 라이브러리 스타일의 집중 공간을 만들어 나이키만의 브랜드 감성과 딥워크 개념을 연결했다. 스포티하면서도 절제된 분위기 속에서 몰입을 유도하도록 디자인되었다.

누구에게 필요한 공간인가?

- 정리/기획/기밀자료 업무
- 리서치 기반 데이터 분석자
- 깊은 사고를 선호하는 직원
- 내향적 성향의 직원

몰입을 위한 어떤 공간 유형들이 있나?

· 딥 워크 존 Deep Work Zone: 도서관처럼 조도, 소음, 시선까지 고려된

  전용 집중 공간

· 포커스 룸 Focus Room: 1~2인을 위한 방음된 소형 집중 공간

· 폰 부스 Phone Booth: 1인을 위한 통화 및 영상 회의용 소형 방음 공간

이 공간들의 공통점은 하나다.

'방해받지 않을 권리'가 보장되는 곳.

그곳에서 비로소 가장 깊은 몰입의 순간을 맞이한다.

협업이 필요한 순간,
어떤 공간이 필요한가?

"혼자 떠올린 아이디어는 평범하지만, 둘이 나누면 날카로워진다"

우리는 흔히 창의적인 아이디어가 회의실에서 탄생한다고 믿는다. 하지만 실제로, 핵심 아이디어는 '우연한 대화'에서 시작되는 경우가 많다. 중요한 건, '타이밍'과 '접점'이다.

그래서 요즘 오피스 공간에는 스크럼 존이 생긴다. 팀원 옆자리에 있는 화이트보드와 작은 스툴들. "잠깐 이야기할 수 있어?"라는 말이 자연스럽게 오가는 구조다. 의도된 가벼움, 그것이 바로 협업의 핵심이다. 회의실은 예약을 해야 하고 멀리 걸어가야 하지만, 스크럼 존은 즉흥적이다. 딱 10분이면 충분하다.

협업을 위한 공간은 결국, 대화가 흐르는 구조다. 그리고 그 대화가 '회의실 예약 버튼' 없이도 가능하게 만들 때, 조직은 빠르고 유연하게 움직이기 시작한다.

이런 공간이 필요한 심리적 이유는?

사람은 즉흥적이고 비언어적 피드백에서 더 빠르게 창의력을 발휘한다. 계획된 회의보다 우연한 접점에서 더 기민하게 아이디어를 떠올리고, 상대의 표정이나 손짓 같은 비언어적 단서를 통해 아이디어는 더 정교하게 다듬어진다.

실제 사례는?

마이크로소프트Microsoft는 개발자들을 위해 자리 옆 스크럼 존을 마련해, 아이디어가 생각날 때 곧바로 공유될 수 있는 환경을 만들었다. 형식적인 회의가 아니라, 자연스럽고 즉흥적인 소통이 가능한 구조 속에서, 협업은 더 빠르고 유연하게 이루어졌다.

나이키Nike는 각 팀이 직접 디자인한 팀 라운지를 마련하여, 자신들이 일하는 방식뿐만 아니라 느끼는 방식까지도 공간 안에 담아냈다. 어떤 팀은 자유롭게 아이디어를 나누고, 또 어떤 팀은 생일 파티나 비공식 미팅을 열기도 한다. 각 팀의 분위기와 리듬에 맞춘 공간 안에서 팀원들은 더 깊은 소속감을 느끼며 협업에 임한다.

누구에게 필요한 공간인가?

· 팀 프로젝트
· 아이디어 브레인스토밍 중심 업무
· TF(Task Force) 팀
· 외향적 성향의 직원

협업을 위한 어떤 공간 유형들이 있나?

· 스크럼 존Scrum Zone: 팀 내부의 짧고 민첩한 의견 교환을 위한 공간. 보통 이동식 화이트보드와 스툴들로 이루어져, 아이디어를 빠르게 교환하고 결정할 수 있도록 돕는다.
· 오픈 콜라보레이션 존Open Collaboration Zone: 책상 사이 또는 부서 간 사이에 배치된 개방형 협업 공간. 부서 간의 경계를 흐리면서, 자연스러운 교류와 아이디어 공유를 유도한다.
· 미팅 포드Meeting Pod: 예약 없이 자유롭게 사용할 수 있는 소규모 회의를 위한 독립된 협업 공간. 이동과 재설치가 가능한 구조로, 변화하는 업무 환경에 유연하게 대응할 수 있다.
· 다양한 사이즈와 분위기의 미팅룸: 회의 목적과 팀 구성에 따라 선택할 수 있도록 크기와 분위기를 다양화한 회의 공간들. 포멀한 회의, 캐주얼한 토론, 크리에이티브 워크숍 등 다양한 목적에 맞는 환경을 제공한다.

협업이란, 회의실의 틀을 넘어서야 가능해진다.

말 한마디가 자유롭게 오갈 수 있는 환경.

그것이 진짜 협업의 시작점이다.

감정적 회복이 필요한 순간, 어떤 공간이 필요한가?

"일을 잘하기 위해, 가끔은 멈추는 용기가 필요하다"

하루 종일 반응하고, 생각하고, 마감하고…

현대인은 끊임없이 일하지만, 감정은 언제 회복되는가에 대한 질문은 잘 하지 않는다. 집중도 협업도 결국 '에너지'에서 나온다. 회복 없이 누적되는 피로는 결국, 이탈을 부를 수 있다.

긴 회의가 끝난 직후, 피로가 누적된 오후 4시, 혹은 예상치 못한 피드백으로 마음이 흔들리는 순간. 이럴 땐 집중도 협업도 아닌, '회복'이 필요하다.

이런 공간이 필요한 심리적 이유는?

이 공간의 핵심은 감정을 존중해 주는 태도다. 업무와 업무 사이, 감정이 잠시 머물고 정리될 수 있는 쉼의 여백이 공간 안에 설계될 때, 비로소 회복이 일상이 된다. 그리고 정서적 회복이 일상에 깃든 공간이 있어야 조직은 더 건강하고, 더 오래간다.

직원들의 정서적 웰빙은 조직의 생산성과 직접적으로 연결되며, 이는 성과뿐만 아니라 기업 전체의 지속 가능성과도 맞닿아 있다.

실제 사례는?

마이크로소프트^{Microsoft}는 지역의 역사와 문화에서 영감을 받은 고유하면서도 편안한 분위기의 캔틴[*] 공간을 마련했다. 의자는 창을 향해 배치되어 있어, 식사 중에도 바깥 풍경을 바라보며 감정을 환기할 수 있다.

캐주얼한 체어, 편안한 라운지 체어, 등을 기대 쉴 수 있는 하이백 체어, 아늑한 소파 등 다양한 좌석 유형을 조합해, 각자의 기분과 상황에 따라 선택할 수 있도록 했다. 또한 오피스 전반에 걸쳐 실내 정원을 적극적으로 배치하여, 직원들이 자연과 함께 공존하며 일상을 회복할 수 있는 환경이 조성되었다.

누구에게 필요한 공간인가?

· 반복 업무 후의 리프레시가 필요한 직원

---

* 캔틴(Canteen): 직원들이 식사와 휴식을 함께하며 교류할 수 있는 기업 내 커뮤니티 공간. 전통적인 '탕비실'이 음료 · 간식을 준비하는 공간이라면, 캔틴은 카페 · 라운지 · 식당의 기능을 결합한 복합적 사내 문화 공간에 가깝다. 특히 글로벌 기업들은 캔틴을 조직 문화와 창의적 교류를 촉진하는 핵심 인프라로 활용한다.

- 오랜 회의 이후의 '디브리핑 존' 필요성
- 감정 소모가 많은 프런트 대응 직군

감정적 회복을 위한 어떤 공간 유형들이 있나?

- 캔틴Canteen: 나를 위한 커피 한 잔의 여유를 갖거나, 동료와 가벼운 대화를 나눌 수 있는 공간
- 라운지Lounge: 협업 전 아이디어를 정리하거나, 짧은 휴식을 통해 감정의 온도를 조절할 수 있는 공간. 공식과 비공식 사이의 완충지대
- 하이백 체어High Back Chair: 높은 등받이로 심리적 거리와 안정감을 주는 가구
- 창가 공간 & 실내 정원: 창밖의 풍경, 자연광, 식물의 초록색은 감정을 정화하는 시각적 처방

사람은 기계가 아니다.
정서적 회복이 일상 속에 자리 잡을 때,
조직은 건강하고 오래가는 리듬을 가지게 된다.

사람의 다양성을 반영하라

몰입, 협업, 회복이라는 이 세 가지 리듬은 업무 공간 설계의 중심축이 되지만, 업무 리듬만큼이나 중요한 것은 '사람'이다. 그것을 사용하는 사람들의 개개인 성향과 근무 방식 역시 공간의 쓰임에 큰 영향을 미친다. 외향적인 직원은 오픈 라운지에서 에너지를 얻고, 내향적인 직원은 소음을 차단한 포커스 룸에서 최고의 성과를 낸다. 어떤 직원은 늘 같은 자리에 앉아야 집중할 수 있지만, 또 다른 직원은 자유롭게 자리를 바꾸는 것이 더 효율적일 수 있다. 이처럼 업무의 다양성만이 아니라, 사람의 다양성도 존중해야 한다.

이를 위해, 공간은 일방적인 설계가 아니라, 직원들의 목소리를 반영한 '살아 있는 설계'를 해야 한다. 공간 디자인의 초기 단계에서 직원들을 대상으로 설문조사나 인터뷰, 워크숍을 진행하고, 그 결과를 실제 공간 구성에 반영하는 것이다. 각기 다른 직무와 성격, 업무 방식의 차이는 당연한 것이며, 그 차이를 존중하고 감싸 안는 공간이야말로 강한 조직 문화를 만드는 출발점이다.

공간은 운영까지 설계되어야 한다

이처럼 공간은 사람의 심리적 리듬과 업무 성향을 담아낼 수 있어야 한다. 하지만 그것은 '공간의 종류'만 늘린다고 해결되는 것

디자인이 곧 비즈니스다

이 아니다. 공간이 실제로 그렇게 '운영될 수 있도록 설계되어 있느냐'에 달려 있다.

대부분의 유연한 오피스는 '스마트 좌석 예약 시스템'과 '라커' 운영을 함께 도입한다. 직원들은 아침에 사무실에 도착해 앱으로 좌석을 예약하거나, 모바일로 이동 중에 미리 예약을 완료한다. 각 직원이 자신의 물건을 보관할 수 있는 라커는 자유롭게 일할 수 있는 환경을 제공한다. 좌석은 고정되지 않고, 그날의 업무와 감정에 따라 선택된다.

이제 직원들은 팀 브리핑 후 협업 공간에서 아이디어를 나누다가, 이후 조용한 코너에서 보고서를 작성하며, 필요하면 전혀 다른 층의 창의적 공간으로 이동할 수 있다. 이처럼 선택지가 있으면서, 그 선택이 실현 가능하다는 것이 '유연성'의 시작점이다.

흐름과 경험이 유연해지는 공간

오피스 공간은 또한 고정되지 않은 '흐름'으로 설계되어야 한다. 예를 들어, 캔틴은 점심시간엔 식사 공간이지만, 오후에는 팀원들이 자연스럽게 대화하며 커피 한 잔을 나누는 소셜 공간이 되고, 누군가에겐 캐주얼하게 일하는 공간이 되며, 저녁에는 이벤트나 전시 공간으로 변화할 수 있다. 이처럼 시간대와 사용자의 목적에 따라 하나의 공간이 여러 역할을 수행하는 것 또한 유연성이다.

공간이 유연하다는 것은 단순히 가구를 옮길 수 있다는 뜻이 아니라, 경험의 유연성, 즉 '공간의 의미'가 사람의 리듬에 따라 달라질 수 있다는 뜻이다.

이러한 유연한 흐름을 설계하는 핵심은 '경계 없는 공간'이다. 벽으로 완전히 나뉘지 않고, 가구나 조도, 컬러, 동선으로 구분된 공간은 사용자가 직관적으로 움직이고, 다양한 경험을 연결 지을 수 있게 만든다. 결국, 공간의 유연성이란 '물리적 구조'가 아니라 '심리적 흐름'을 디자인하는 일이기도 하다.

유연성이 만든 선순환 구조

유연성의 시대는 공간 설계의 전환점이다. 유연성을 지원하는 공간은 직원들의 만족도를 높이고, 업무 성과를 극대화하며, 조직의 문화적 변화를 이끄는 선순환 구조를 만들어 낸다. 그것은 직원들의 니즈와 조직의 목표에 따라 끊임없이 변화하고 진화하는 살아 있는 환경이다.

실제로 유연한 공간을 경험한 직원들은 업무에 더 몰입하고, 스트레스를 덜 느낀다고 말한다. 중요한 건, 그들이 '선택할 수 있다'는 사실이 심리적 안정감을 준다는 점이다. 게다가, 이러한 환경은 직원들에게 주도권을 제공함으로써 회사에 대한 충성도와 소속감을 강화한다.

유연성은 이제 선택이 아닌 필수다. 직원들이 각자의 방식으로 최고의 잠재력을 발휘하도록 돕는 환경을 만드는 것이다. 스스로

디자인이 곧 비즈니스다

의 리듬에 따라 자리를 고르고, 그날의 업무 방식에 따라 공간을 다르게 사용하는 것은 '일의 성과'를 높이는 긍정적 경험이다. 따라서, 업무 공간은 다양한 개인의 성향, 업무의 특성, 팀의 목표에 따라 유연하게 조정될 수 있어야 한다.

당신의 회사에서 유연성이 제대로 이루어지고 있는지 돌아보라. 당신의 팀은 집중에서 깊이를 더하고, 협업에서 에너지를 얻으며, 회복에서 다시 설 수 있는 힘을 얻고 있는가? 직원들이 이 공간에서 매일 더 나은 자신을 만들어 갈 때, 기업 역시 성장의 길로 나아간다. 그것이야말로 유연성이 이끄는 선순환 구조의 본질이며, 디자인이 곧 비즈니스가 되는 지점이다.

Chapter 4

직원의 웰빙

일터, 감정을 품다

우리가 하루 중 가장 많은 시간을 보내는 공간은 어디일까? 바로 '일터'다. 그렇다면 이 일터가 단지 일만을 위한 장소가 아니라, 몸과 마음이 회복되고 재충전되는 공간이라면 어떨까? 오늘날의 업무 공간은 직원의 감정과 삶의 리듬을 섬세하게 포용하는 공간으로 진화하고 있다.

'잘 일하는 것'은 '잘 살아가는 것'과 연결되어 있다. 집중력과 창의성, 원활한 협업과 온전한 몰입은 정서적으로 안정되고 감각적으로 따뜻한 환경에서 자연스럽게 발현된다. 바로 이 지점에서, 우리는 업무 공간의 '웰빙'에 주목해야 한다.

호텔처럼 따뜻하게 맞이하다

그렇다면 웰빙을 담은 공간은 어떤 모습일까? 사무실 문을 여는 순간, 호텔 로비처럼 세련되고 포근한 분위기가 직원들을 맞이한다면 어떨까? 분주했던 출근길의 긴장이 부드럽게 풀어지고, 따뜻한 조명과 향기, 음악이 조화를 이루는 그 순간, 일터는 감정을 다독이고 나를 존중받는 존재로 느끼게 하는 곳이 된다.

이러한 경험은 호스피탈리티 디자인을 통해 가능해진다. 원래 호텔, 리조트, 레스토랑 등 환대 산업에서 발전한 이 디자인 전략은 이제 업무 공간에도 적용되어, 직원들이 '일터로만 인식되던 공간'이 아니라 '배려받는 공간'에서 하루를 시작하도록 이끈다.

오늘날 직원들은 더 이상 큐브 안에서 갇혀 일하는 것을 기대하지 않는다. 직원들은 자연스러운 대화가 오가는 라운지, 창의적인 에너지가 흐르는 미팅 공간, 그리고 개인적인 업무 시간을 보낼 수 있는 조용한 코너를 원한다. 이 모든 공간은 호스피탈리티 디자인의 철학을 바탕으로 설계될 수 있다.

호스피탈리티 디자인의 가장 큰 강점은 직원들에게 '소속감'을 부여한다는 점이다. 따뜻한 감촉의 소재와 세심한 디테일은 물론, 직원들이 환영받는다는 느낌을 받도록 설계된 공간은 심리적 안정감을 준다.

예를 들어, 호텔 로비처럼 따뜻한 조명과 부드러운 분위기로 설계된 리셉션 공간은 방문자만 아니라 직원에게도 긍정적인 첫인상을 남긴다. 라운지 공간은 직원들이 서로 교류하거나 잠시 쉴 수 있는 장소로서, 업무와 휴식 사이의 균형을 이어준다. 캔틴 공간은 식사 공간을 넘어, 호텔 라운지나 카페처럼 유연하게 일할 수 있는 공간이 된다. 또한, 벽난로나 우드 텍스처와 같은 따뜻한 요소는 공간 전체에 포근한 온기를 채워준다.

일터가 제3의 공간이 되는 순간

우리는 오랫동안 '일은 직장에서, 쉼은 집에서'라는 이분법적 구조 속에서 살아왔다. 하지만 팬데믹을 거치며 이 경계는 급속도로 흐려졌고, 이제는 '어디에서 일하느냐'보다 '어떻게 일하느냐'가 더 중요한 시대가 되었다.

이 변화의 지점에서, '제3의 공간 3rd Place'이라는 개념이 다시 주목받고 있다. 미국의 사회학자 레이 올덴버그 Ray Oldenburg 는 가정 1st place 과 직장 2nd place 사이, 사람들이 가장 편하게 머무를 수 있는 '제3의 공간 3rd place' 개념을 제안했다. 이 개념은 이후 스타벅스의 브랜드 전략에 큰 영향을 주었다. 일반적인 커피숍이었던 스타벅스는 '일도 할 수 있고, 쉴 수도 있는 곳', 즉 머물고 싶은 제3의 공간으로 진화하며 사람들의 일상 속으로 깊이 들어왔다.

오늘날의 오피스도 이러한 방향으로 나아가고 있다. 출근 후 캔틴에서 커피 한 잔을 들고 동료들과 인사를 나누며 하루를 시작하거나, 라운지에서 책을 넘기며 아이디어를 얻고, 게임룸에서 동료

디자인이 곧 비즈니스다

와 탁구를 치며 스트레스를 해소하는 풍경 등, '오피스 속 제3의 공간'이 점점 더 중요해지고 있다. 누구도 긴 하루를 차가운 회의실에서만 보내고 싶지 않다. 우리는 익숙한 업무 속에서도 나만의 순간, 나만의 풍경이 필요하다.

오피스 속의 웰빙 공간들

많은 글로벌 기업들은 이제 오피스를 '직원 경험 중심'으로 재구성하고 있다. 구글, 마이크로소프트, 나이키, 씨티은행과 같은 선도 기업들은 다음과 같은 공간들을 도입하며 웰빙을 실천하고 있다.

- 캔틴Canteen : 호텔 라운지나 동네 카페처럼 여유롭고 따뜻한 분위기로 조성된 캔틴은 직원들이 자연스럽게 모여 소통하고 회복할 수 있는 중심 공간이다. 자연광, 식물, 부드러운 조명 등을 활용해, 점심시간뿐만 아니라 짧은 휴식, 가벼운 미팅에도 활용되며 일상 속 리듬을 부드럽게 만들어 준다.
- 라운지: 정해진 업무 외에도 사람들 간의 우연한 만남과 대화는 새로운 아이디어의 시작점이 될 수 있다. 라운지는 이처럼 비형식적이고 유연한 소통이 가능하도록 설계된 공간으로, 다양한 자세로 앉거나 머물 수 있는 가구, 따뜻한 색감, 조용한 음악이 어우러지며 창의성과 감정적 안정감을 동시에 자극한다.

· 헬스장 & 요가룸: 업무 중 신체 활동은 스트레스 해소뿐만 아니라 집중력 향상에도 큰 도움을 준다. 헬스장이나 요가룸은 직원이 스스로의 몸에 귀 기울이고 리듬을 회복할 수 있는 공간으로, 특히 하이브리드 업무 환경에서 더욱 중요해지고 있다. 바쁜 일과 속에서 짧은 운동 시간을 갖는 것만으로도 생산성에 긍정적인 영향을 줄 수 있다. 도심 기업에서는 전용 공간 마련은 비용 부담이 크기 때문에, 인근 헬스장이나 요가 스튜디오 이용권을 지원하는 방식으로 대체하기도 한다.

· 수면실 & 마사지룸: 몰입과 창의력은 피로한 상태에서 나오기 어렵다. 수면실과 마사지룸은 직원이 신체적, 심리적 회복을 위한 마이크로 리셋Micro Reset을 경험할 수 있도록 돕는다. 짧은 낮잠이나 휴식이 새로운 에너지로 이어지는 이 공간은 심리적 안정감을 높이고, 장기적 업무를 강화한다.

· 게임 존 & 실내 정원: 의도적으로 일과 전혀 무관한 활동이나 자연 요소를 공간에 끌어들이는 전략은 창의적 전환Creative Switching을 유도하며 스트레스를 완화하는 효과가 있다. 정원, 식물, 나무 텍스처는 직원들에게 정서적 안정과 휴식을 제공한다.

이러한 공간에서 일상 속 마이크로 휴식*은 물론, 보다 깊은 집중력 회복과 업무 지속 가능성에 긍정적인 영향을 미친다.

더 나아가, 오늘날의 오피스는 다양성과 포용성까지 담아내는 방향으로 진화하고 있다. 마더스 룸**, 배리어 프리 화장실***, 휠체어 접근이 가능한 동선 설계 등은 직원 개개인의 삶의 배경과 니즈를 존중하는 공간의 언어다. 이러한 디자인은 배려를 넘어, 기업의 가치관을 공간에 투영하는 중요 요소다.

삶을 바꾸는 오피스, 기억에 남는 공간

웰빙 중심의 업무 공간은 일의 질을 높일 뿐만 아니라, 삶의 질을 변화시킨다. 감정을 존중받고, 리듬을 회복하며, 창의적으로 몰입할 수 있는 환경에서, 우리는 '더 나은 일'을 넘어서, '더 나은 삶'을 경험할 수 있다.

이처럼 오피스는 일과 쉼, 몰입과 감정 회복, 개인과 조직 사이를 연결하는 새로운 정체성으로 진화하고 있다.

---

* 마이크로 휴식(Micro Break): 짧게는 30초에서 10분 사이의 휴식으로, 스트레칭, 심호흡, 잠깐의 대화, 자연을 바라보는 행동 등으로 구성되며, 정신적 리프레시와 업무 집중도를 높인다.

** 마더스 룸(Mother's Room): 수유나 모유 착유, 휴식을 위한 공간으로, 출산 후 복직한 직원들이 편안하게 이용할 수 있도록 마련된 전용 공간.

*** 배리어 프리 화장실(Barrier Free Toilet): 휠체어 사용자, 노약자, 유아 동반자 등 이동에 제약이 있는 사람들이 안전하고 편리하게 이용할 수 있도록 설계된 화장실.

좋은 공간은 사람을 배려하고, 그 배려는 결국 기억이 된다. 웰빙 중심의 공간은 단지 트렌드를 따르는 것이 아니라, 회사가 직원의 삶을 얼마나 진지하게 바라보고 있는지를 보여주는 진심 어린 방식이다. 오피스는 하루를 함께 살아가는 공간이다. 그리고 그 하루의 질이, 결국 우리의 삶의 방향을 바꾼다.

자연이 스며든 공간은 사람을 회복시킨다

웰빙 중심의 오피스는 감정적 안정이나 조직의 정체성을 반영하는 것에 그치지 않고, 인간의 본능적인 감각과 리듬에 호응하는 공간이 되어야 한다. 우리는 왜 사무실 한편의 초록 식물에 위로받고, 창가에 드는 햇살에 기분이 달라질까? 그 해답은, 인간이 자연과 연결되기를 바라는 깊은 본능에 있다.

인간은 본능적으로 자연을 갈망한다. 콘크리트 정글 속에서 살아가면서도 우리는 여전히 숲을 걷고, 바다를 보고, 새소리를 듣고 싶어 한다. 이러한 본능은 일터에서도 예외가 아니다. 딱딱한 회색 벽과 형광등 불빛만 가득한 사무실보다, 햇살과 나뭇결이 깃든 공간이 훨씬 더 우리를 편안하게 만든다.

바이오필릭 디자인Biophilic Design 은 자연에 대한 인간의 깊은 그리움을 공간 안에 녹여내는 설계 철학이다. 초록 식물의 배치, 자연 패턴이 담긴 벽지, 실내 정원 같은 요소들은 스트레스를 완화하고, 정서적 안정과 집중력을 높이는 데 기여한다. 실제로, 실내

디자인이 곧 비즈니스다

식물은 공기를 정화하고 눈의 피로를 줄이며, 우울감과 스트레스 반응을 완화하는 등 정신 건강에 긍정적인 영향을 줄 수 있다는 연구 결과는 많다.

재료의 선택 역시 바이오필릭 디자인에서 빼놓을 수 없다. 목재, 돌, 라탄과 같은 천연 재료는 공간에 따뜻함과 자연의 결을 불어넣는다. 차가운 금속과 플라스틱으로 가득 찬 공간보다, 부드러운 나뭇결이 살아 있는 테이블이나 자연적인 텍스처의 벽면은 훨씬 더 사람들에게 안정감을 준다. 이러한 재료들은 시각적, 촉각적 경험을 통해 사용자를 자연에 더 가깝게 연결한다.

아마존Amazon 시애틀 본사의 더 스피어스The Spheres는 바이오필릭 디자인의 철학을 극대화한 대표적 사례다. 직원들은 실내 정원에서 회의를 하거나, 잠시 혼자만의 자연 속에서 창의성을 재충전할 수 있도록 설계되었다. 이곳에서는 '워크 미팅(Walk Meeting)*'처럼 걸으면서 진행하는 회의 문화도 자연스럽게 이루어진다. 걷는 동안 시선이 열리고 생각이 유연해지며, 대화 역시 더 자유롭게 흐른다.

애플 파크Apple Park 또한 유리와 나무, 대형 정원이 어우러진 순환형 캠퍼스를 통해, 자연과 사람, 기술이 연결된 새로운 오피스

---

* 워크 미팅(Walk Meeting): 회의실에 앉아 진행하는 대신 실내외 공간을 걸으며 진행하는 회의 방식. 걷는 동안 시선이 확장되고 대화가 자연스럽게 흘러, 사고가 더 유연해지고 창의적 아이디어가 촉진된다. 실리콘밸리 기업들이 자주 활용하는 방식으로, 짧은 산책과 대화가 결합된 이 문화는 팀 간 소통을 활발하게 하는 데 효과적이다.

모델을 보여준다. 이처럼 업무 공간이 자연과 교감하는 장소가 될 때, 사람들은 더 자유롭게 사고하고, 더 깊이 몰입하며, 더 오래 머물고 싶어진다.

빛이 머무는 곳에 마음이 열린다

빛 또한 공간 안의 또 다른 자연이다. 우리는 빛의 색과 방향, 강도에 따라 감정과 에너지가 달라진다. 형광등의 차가운 색감은 긴장을 유발하고, 눈을 쉽게 피로하게 만든다. 반면, 따뜻한 색감의 자연광은 감정을 부드럽게 다듬고, 집중과 몰입을 이끈다.

창문을 통해 부드럽게 스며드는 햇살, 그리고 하루의 흐름에 따라 색이 바뀌는 자연광은 직원들에게 시간의 리듬을 인식하게 하고, 심리적 안정감을 준다.

북유럽의 겨울처럼 해가 짧은 지역에서는 햇빛 부족이 사람들의 신체와 정서에 얼마나 부정적인 영향을 미치는지 오래전부터 알려져 왔다. 반대로, 자연광이 풍부한 공간에서는 기분이 밝아지고, 에너지가 생기며, 업무의 효율성까지 높아진다.

실제 한 실험 연구에 따르면, 자연 채광과 바깥 경치에 대한 접근이 가능한 사무실 환경은 직원들의 인지 능력과 업무 만족도를 향상시키고, 눈의 피로를 줄이는 데에도 효과적인 것으로 나타났다.

햇살이 비치는 창가 자리 하나가 직원의 하루를 바꾸는 이유는 심리적 회복의 시작이기 때문이다. 하지만 모든 사무실이 자연광을 충분히 확보할 수 있는 것은 아니다. 도시의 밀집된 빌딩 구조나 창문이 적은 공간에서는 자연광의 혜택을 누리기 어렵다. 이럴 때는 조명을 통해 자연광의 효과를 유사하게 구현할 수 있다. 따뜻한 색조의 조명을 사용해 아침과 저녁의 태양빛을 모방하거나, 시간대에 따라 조도의 변화를 주어 하루의 리듬을 표현하면 비슷한 효과를 낼 수 있다. 이러한 세심한 디테일은 직원들이 인식하지 못하는 사이에 큰 차이를 만들어 낸다.

실제로 한 실험 연구에서는, 3,000K의 따뜻한 LED 조명 아래에서 스트레스 반응이 가장 안정적으로 나타났다고 보고했다. 이는 차갑게 느껴지는 백색광보다 따뜻한 조명이 인간의 심리적 긴장을 완화하고, 더 편안한 업무 환경을 조성한다는 것을 보여준다.

이처럼 빛은 우리가 머무는 시간에 감정을 부여하고, 업무에 몰입할 수 있는 '심리적 조건'을 만들어 주는 기본적인 환경디자인이다.

---

* 색온도(Color Temperature): 조명이 발하는 빛의 '색깔'을 숫자로 표현한 것. 단위는 켈빈(K).
일반 사무실 조명(약 5,000~6,500K)은 푸른빛이 강해 집중에는 좋지만, 긴장과 피로를 유발하기 쉽다. 반면 3,000~4,000K는 시각적 부담을 줄이고 심리적 안정감을 준다. 업무 공간에서도 회의실, 휴게 공간, 집중 구역 등 기능에 맞춰 색온도를 달리 조절하면 공간 경험이 풍부해진다.

몸이 편해야, 마음이 일할 수 있다

자연이 감정을 다독이고, 빛이 하루의 리듬을 조율한다면, 그 리듬의 마지막 축에는 우리 몸이 있다. 오래 앉아 있는 시간이 건강을 해친다는 사실은 이제 누구나 안다. 그래서 기업들도 이제는 '일이 잘되는 공간'만 아니라, '몸이 편안하게 일할 수 있는 공간'을 고민하기 시작했다.

많은 기업들은 자세로 인한 스트레스를 줄이기 위해, '높이 조절이 가능한 책상'과 '모니터 암' 같은 인체공학 설계를 적극 도입하고 있다.

높이 조절 가능한 책상은 앉았다 서는 자세 전환을 통해 혈액순환을 돕고, 피로를 줄이며, 작업 리듬을 회복시키는 데 효과적이다. 하루 8시간 이상 책상에 앉아 있는 직장인에게, 자유롭게 앉고 서서 일하는 동작은 선택이 아니라 건강을 지키는 기본권이다.

모니터 암은 화면 높이와 각도를 자유롭게 조절해, 목과 어깨의 부담을 줄이고 시선을 눈높이에 맞출 수 있도록 돕는다. 특히 장시간 컴퓨터 작업을 하는 직장인에게는 고정된 모니터보다 훨씬 유연한 작업 환경을 제공해, 거북목과 같은 현대인의 대표적인 직업병을 예방하는 데 큰 역할을 한다. 여러 대의 모니터를 사용하는 환경에서는 작업 효율성을 높이고, 책상 위 공간을 깔끔하게 확보할 수 있는 장점도 있다.

'인체공학적 의자'도 이와 같은 맥락에서 중요하다. 허리와 목을 지지해 주는 설계는 집중력을 유지시켜 주고 장기적인 건강과도 직접적으로 연결된다. 건강한 직원이 더 좋은 결과를 낸다는, 단순하지만 강력한 진리다.

공간에 담긴 진심이 기업의 얼굴이 된다

웰빙은 기업이 사람을 어떻게 생각하는지에 대한 가장 솔직한 대답이다. 오피스 디자인은 이제 사람을 위한 환경을 설계하는 일이 되었다. 웰빙 중심의 오피스는 직원들의 건강을 보호하고, 정서적 안정을 지원하며, 일상의 질을 향상시킨다.

젊은 세대는 더 이상 높은 연봉만을 기준으로 회사를 평가하지 않는다. '어디서 일하는가'보다 '어떻게 일하는가', 그 과정에서의 배려와 감정적 연결이 더욱 중요해졌다. 웰빙 중심의 공간은 기업이 직원의 삶을 진지하게 고민하고 있다는 직관적인 메시지다.

이러한 디자인은 단지 사람을 위한 배려에서 머물지 않는다. 실제로, 건강한 직원은 더 나은 성과를 내고, 이직률은 줄어들며, 기업의 브랜드 신뢰도는 높아진다. 오피스가 곧 기업의 전략 자산이 되는 이유다. 직원이 머무는 공간 하나하나에 따뜻한 시선과 세심한 배려를 담아낼 때, 회사는 단기적 효율을 넘어 장기적 지속 가능성으로 나아갈 수 있다.

좋은 공간은 사람을 바꾼다. 그리고 좋은 오피스는 회사의 미래를 바꾼다.

Chapter 5

체인지 매니지먼트

공간의 변화는 마음의 재배치다

우리는 공간이 바뀔 때마다, 눈에 보이지 않는 저항과 기대 사이에 서게 된다. 새로운 가구나 달라진 벽의 색, 팀 자리의 재배치는 결국 '마음의 배치'를 다시 짜는 일과 같다.

사무실이 바뀌는 순간, 직원들의 마음도 흔들린다. 익숙했던 자리가 사라지고, 매일 마주하던 풍경이 낯설어질 때, 사람들은 무의식적으로 불안을 느낀다. 이는 물리적 구조 변화를 넘은 '심리의 전이'다. 새로운 공간이 아름다워도, 그 안에 담긴 정서적 의미가 재정립되지 않으면 사람의 마음은 그 안에서 쉽게 머무르기 어렵다. 이 변화는 오래도록 쌓아온 '익숙함'과의 이별이자, 새로운 풍경 속에서 '내 자리'를 다시 찾는 일이다.

팬데믹 이후, 공간의 변화는 더욱 가속화되었다. 오피스는 리뉴얼되고, 리로케이션*은 잦아졌으며, 조직 개편과 오피스 리스테킹**도 빈번해졌다. 앞으로 또한, 시대의 흐름에 맞춰 업무 공간은 더 자주, 더 빠르게 바뀔 것이다.

그러나 이처럼 빠른 변화 속에서도, 사람의 감정은 언제나 가장 느리게 반응한다. 디자인이 아무리 효율적으로 완성되어도, 그 안에서 일하고 살아가는 사람들이 감정적으로 이입되지 못한다면, 공간은 결국 '낯선 곳'으로 남게 된다.

공간 변화, 감정을 먼저 설계해야 하는 이유

바로 이 지점에서, 디자인은 '감정 설계'의 영역으로 확장된다. 그리고 이때 필요한 것이 바로 체인지 매니지먼트Change Management라는 개념이다. 체인지 매니지먼트는 변화 그 자체보다 변화를 받아들이는 사람의 심리에 주목한다.

공간이 변할 때, 사람의 감정과 행동은 어떻게 달라지는가? 그리고 그 감정의 곡선을 어떻게 설계할 수 있는가? 이 장에서는 디자인과 조직 심리가 교차하는 이 지점에서, 공간 변화가 사람의

---

* 리로케이션(Relocation): 기업이 사무실을 다른 위치로 이전하는 과정.

** 오피스 리스테킹(Office Restacking): 기존 사무실 내에서 조직 개편, 팀 이동, 공간 재구성 등을 위해 좌석 배치와 공간 동선을 재정비하는 작업. 부서 통합, 팀 확장, 인원 변화 등으로 인해 사무 환경을 최적화할 필요가 있을 때 시행된다.

마음에 미치는 영향을 살펴보고, 그 변화가 성공적으로 자리 잡기 위해 필요한 디자인적, 심리적 접근을 살펴보고자 한다.

우리는 매일 똑같은 자리, 창밖 풍경, 습관처럼 열리는 사물함, 커피 내리는 소리와 빛의 각도 속에서 '익숙함'이라는 심리적 안정을 쌓아간다. 하지만 공간이 변하는 순간, 이러한 감정의 기반이 흔들리게 된다.

익숙했던 동선이 바뀌고, 앉는 자리가 달라지며, 조명의 색감과 창의 방향, 이웃한 동료의 얼굴까지 달라졌을 때, 사람들은 그저 '배치가 바뀌었다'라고만 느끼지 않는다. 그건 내가 속한 세계의 질서가 바뀐다는 메시지이며, 이는 무의식적 스트레스로 다가온다.

익숙함이 깨질 때, 마음은 저항한다

겉으로는 아무 일도 아닌 것 같지만, 마음속 어딘가에 작은 균열이 일어난다. 직원들은 어느새 이런 감정적 피드백을 속으로 되뇌게 된다:

'왜 이렇게 시끄럽지?'

'여기선 집중이 잘 안돼요'

'여긴 왜 이렇게 어둡지?'

'예전이 더 좋았던 것 같아요…'

'제 자리가 어딘지도 헷갈려요'

'왜 아무도 이 변화에 대해 설명해 주지 않았지?'

'왜 우리한테 아무것도 묻지 않았죠?'

이런 생각들이 머리를 스치기 시작하면, 뇌는 자연스럽게 방어 모드로 들어간다. 그리고 그 작은 불편은 하루 종일 업무 집중력을 갉아먹는다. 낯선 환경은 생각보다 훨씬 많은 에너지를 요구한다. 뇌는 끊임없이 새로운 자극을 스캔하고, 익숙하지 않은 정보를 처리하느라 쉽게 지친다. 이러한 심리적 반응은 단순 불편이 아닌, 일종의 정서적 비용*이다.

공간이 바뀌기 전에, 마음이 먼저 준비되어야 한다

공간 하나 바뀌었다고 과장된 반응처럼 들릴 수 있다. 하지만, 생각해 보면 우리가 '집'이라고 느끼는 공간은 언제나 '익숙함'에서 시작된다. 사무실도 마찬가지다. 특히 매일 같은 시간에 같은 자리에 앉아 같은 리듬으로 일하던 사람에게, 그 익숙한 리듬은 일종의 정체성이다.

예를 들어, 한 기업은 사전 공지 없이 대규모 오피스 리뉴얼을 진행했다. 최신식 가구와 트렌디한 오픈 플랜으로 공간은 화려해졌지만, 직원들 사이에선 곧 이런 말들이 흘러나오기 시작했다.

---

* 정서적 비용(Emotional Cost): 업무나 환경 변화 등으로 인해 직원이 느끼는 스트레스, 불안, 피로감 등의 감정적 소모.

"회의실이 너무 적다"

"내 자리가 왜 바뀐 건지 모르겠다"

"우린 왜 아무것도 몰랐지?"

그 결과는? 만족도 하락, 팀 간 커뮤니케이션 단절, 그리고 이직률 증가. 아름다운 공간도, 마음이 준비되지 않으면 낯선 공간일 뿐이다.

참여는 소속감을 만든다

내가 참여했던 한 오피스 프로젝트에서는 공간 리뉴얼 전, '체인지 매니지먼트 워크숍'을 열고, 팀별 미팅을 통해 의견을 수렴했다. 3D 이미지로 새 공간을 미리 보여주며 전체적인 공간 구성에 대한 설명을 진행했고, VR 안경을 착용하여 시뮬레이션을 통해 새 공간을 체험할 수 있도록 했다. 또한, '공간 매뉴얼'을 제작해 직원들이 낯선 동선과 시스템에 빠르게 적응할 수 있도록 도왔다.

특히, 필요한 공간 구성과 팀별 세부 요소, 프로젝트 명칭부터 팀 공간의 이름까지 직원들이 직접 참여하고 결정하면서, '우리 공간이니까 우리가 함께 만든다'는 분위기가 자연스럽게 형성되었다. 결과적으로 공간에 대한 애착은 높아졌고, 변화는 낯섦이 아닌 '정서적 성장의 기회'가 되었다.

정서적 존중은 브랜드를 만든다

비슷한 맥락에서, 나이키Nike 오피스 디자인 사례는 '정서적 존중'이 공간 안에 어떻게 스며들 수 있는지를 잘 보여준다. 나이키는 공용 라운지를 제공하면서도, 각 팀에게 팀만의 라운지를 마련해 주었다. 동일한 디자인을 일괄 적용하지 않고, 각 팀이 선호하는 감정적 리듬과 스타일에 따라 공간을 구성했다.

한 팀은 푹신한 소파와 낮은 테이블로 구성된 아늑한 분위기를 택했고, 다른 팀은 긴 바 테이블과 높은 스툴로 구성된 더 역동적인 공간을 택했다. 어떤 팀은 책장을 두어 업무 공간과 라운지를 분리했고, 또 다른 팀은 플랜테리어를 중심으로 식물이 가득한 라운지를 꾸몄다. 이러한 방식은 커스터마이징을 넘은 '존중의 디자인'이다. 직원들이 공간 구성에 참여할 수 있을 때, 그 공간은 '브랜드 자산'으로 진화한다.

다른 프로젝트에서는 기존 사무실 일부를 파일럿 존*으로 조성해 변화의 속도를 조절했다. 직원들이 새로운 공간에서 본격적으로 근무하기 전에 일부 변화를 먼저 체험할 수 있도록 하여 심리적 저항을 줄였다. 변화에 보수적인 업계 환경임에도, 실제로 직원들의 피드백은 긍정적이었다.

---

* 파일럿 존(Pilot Zone): 전체 공간을 한 번에 바꾸기보다, 먼저 일부 구역을 새롭게 조성해 직원들이 변화된 환경을 미리 체험할 수 있도록 만든 공간.

변화는 감정을 설계하는 일이다

결국 변화는 공간을 바꾸는 일이 아니라, 사람의 마음을 다시 놓는 일이다. 누군가에게는 그 공간이 '다시 일하고 싶은 곳'이 되기 위해, 우리는 공간 너머의 감정을 설계해야 한다. 변화는 빠르지만, 애착은 천천히 자란다. 그래서 좋은 공간은 '함께 만든 기억'을 품는다. 그 기억이 기업의 감성이 되고, 문화를 만든다.

새로운 회의실보다, 더 많은 협업 공간보다 먼저, 직원은 스스로가 '환영받는다'는 신호를 원한다. 공간 변화의 시작은 정보가 아니라 직원들의 감정이다. 그리고 그 중심엔 단 하나의 질문이 있다:

"나는 이 변화 안에서 존중받고 있는가?"

그래서 진짜 변화는, 직원들이 참여하고, 이해하며, 기억될 수 있는 구조를 만드는 데서 시작된다. 이름을 함께 정하고, 파일럿 존을 체험하며, "어떤 공간에서 일하고 싶은가?"라는 질문을 받을 때, 직원은 수동적인 사용자에서 변화의 주체로 자리 잡는다.

선택하지 않은 변화, 예고되지 않은 재배치는 유연성을 혼란으로 만든다. 공간 설계는 결국 심리의 전이를 설계하는 일이다. 직원이 '존중받고 있다'는 인식을 가지게 될 때, 변화는 낯섦이 아닌 '소속감'으로 기억되는 경험이 된다.

디자인이 곧 비즈니스다

Chapter 6

업무 공간 성과 측정

감성에서 전략으로

비즈니스 공간은 감성을 담고 있지만, 결국 '성과'로 말한다.

우리는 종종 공간을 이야기할 때, 아름다움과 분위기, 감정을 먼저 떠올린다. 따뜻한 조명, 우드 톤의 마감재, 넓고 밝은 공용 공간, 풍성한 조경과 향기까지. 이런 디테일들은 분명 사람의 감각을 자극하고 마음을 움직인다. 그러나 감동적인 공간이라고 해서, 과연 그것이 기업에 '좋은 공간'일까?

기업의 관점에서 공간은 단순히 감성의 대상이 아니다. 공간은 전략이다. 잘 설계된 공간은 직원의 집중력을 높이고, 팀 간의 협업을 자연스럽게 이끌며, 조직의 방향성을 말없이 드러낸다. 다시 말해, 공간은 무언의 메시지를 통해 사람을 움직이고, 그 움직임이 결국 성과로 연결된다.

기업은 공간을 어떻게 측정하는가

'업무 공간의 변화가 진짜 성과로 이어질 수 있을까?'

이 질문은 이제 더 이상 상상이 아니다. 많은 기업들이 실제로 공간 혁신을 통해 직원 만족도, 생산성, 협업 지수, 브랜드 인지도 같은 지표에서 의미 있는 변화를 보고하고 있다. 이 장에서는 감성에서 성과로, 정서에서 전략으로 이어지는 '공간과 성과의 연결 고리'를 살펴보려 한다.

공간은 감성의 언어로 설계되지만, 전략의 언어로 증명된다. 기업은 이제 직관이 아닌 데이터로 공간의 효과를 판단하고 있다. '멋져 보인다'라는 말 대신, '성과로 입증된다'는 확신이 필요해진 시대. 실제로 전 세계 주요 기업들은 공간 혁신 이후 다음과 같은 지표들을 기반으로 공간의 효과를 분석하고 있다.

디자인이 곧 비즈니스다

성과를 말하는
일곱 가지 핵심 지표

1. 직원 만족도 지표

· ESI(Employee Satisfaction Index)

· eNPS(Employee Net Promoter Score)

→ 직원의 공간 만족도, 재배치 후 적응도, 워라밸 만족도 등을 포함해 "이 회사를 친구에게 추천하고 싶은가?"라는 단순하지만 강력한 질문을 통해 조직에 대한 정서적 만족도를 측정한다.

2. 공간 활용률

· Occupancy Rate(자리 사용률)

· Desk Utilization(지정 좌석 대비, 비지정 좌석 실제 사용률)

→ 출근 인원이 줄어든 시대, 같은 면적의 공간이 어떻게 활용되고 있는지를 분석한다. 예약제 좌석 운영을 포함한 실질적 사용률을 측정한다.

3. 협업 지표

- Collaboration Frequency(팀 간 협업 빈도)
- Meeting ROI(회의실 활용률, 회의 시간 대비 성과)

→ 회의실 보유 여부가 아닌, 실제 협업과 소통이 활발히 일어나는 공간인가를 판단한다.

4. 생산성 지표

- Task Completion Rate(업무 완료율)
- Focus Time(집중 시간 측정)

→ 산만한 환경에서 벗어나, 몰입 가능한 업무 공간이 되었는가를 측정한다.

5. 조직 안정성 지표

- Turnover Rate(이직률 변화)
- Sick day, Burnout Rate(병가율, 번아웃 관련 보고)

→ 공간이 직원에게 정서적 안정과 지속 가능한 근무 환경을 제공하는가, 장기적인 조직 건강에 기여하는가를 분석한다.

6. 브랜드 경험 지표

- 외부 고객 방문 시 체류 시간
- 공간 브랜드 인지도

→ 오피스 투어, 브랜드 공간, 쇼룸 등은 어떻게 기억되고 있는지를 측

정한다.

7. 재무 성과 지표

· Revenue Impact(매출 증대 효과)

· Cost Reduction(공간 관련 비용 절감 효과)

→ 공간 혁신은 운영 효율은 물론, 비즈니스 성과와 직결되는 전략 자산으로 작용한다. 예를 들어, 오피스 재설계를 통해 생산성이 높아지며 매출이 상승하거나, 임대면적 축소, 에너지 절약, 좌석 수 최적화 등을 통해 고정비용을 절감하는 사례가 다수 보고되고 있다. 공간 디자인은 '경영 성과에 기여하는 도구'로 자리 잡고 있다.

성과를 시각화하는 워크플레이스 분석 도구

우리가 앞서 살펴본 '대표적인 성과 지표들'은 공간이 조직에 어떤 영향을 주고 있는지를 파악하기 위한 기준이다. 실제로 많은 기업들은 이러한 지표들을 보다 정밀하게 측정하고 분석하기 위해 Microsoft Workplace Analytics, Gensler Experience Index 등의 워크플레이스 애널리틱스Workplace Analytics 도구를 활용하고 있다.

예를 들어, 집중 시간Focus Time을 평가할 때는 사무실 출입 기록, 이메일 사용 패턴, 회의 일정 등을 통합, 분석하여 실제 몰입 시간 추정 모델을 만든다.

이는 공간 활용률, 집중 시간, 협업 빈도 등을 데이터 기반으로 추적하고 시각화하여, 디자인 이후의 성과를 보다 명확히 검증할 수 있다. 또한 분석 결과는 공간 구성의 미세 조정에도 활용되어, 직원들의 니즈에 더욱 정밀하게 맞춰가는 전략 설계에 도움을 준다.

공간이 바꾼 실제 사례들

이제 다양한 기업들이 공간 혁신을 통해 어떤 변화를 경험했는지 구체적인 사례를 살펴보자.

유한킴벌리 |
스마트 오피스로 업무 몰입도 향상

국내 생활용품 기업 유한킴벌리는 본사에 '스마트 워크' 사무실을 도입하여 공간 혁신을 이뤘다.

직원 수의 80%에 해당하는 좌석과 라운지를 마련하고 자율좌석제를 시행하여, 임원까지 포함한 모든 직원이 정해진 자리 없이 원하는 곳에서 일할 수 있게 했다.

개인 지정석을 없애는 대신 공유 공간(라운지, 협업 구역 등)을 확대하여 열린 소통과 수평적 문화를 장려한 것이 특징이다.

공간 혁신 이후, 내부 평가에서 직무 몰입도가 높아지고 조직의 다양성·포용성, 사내 소통, 경영목표에 대한 이해도가 향상된 것으로 보고되었다. 구성원들이 자유롭게 교류하고 협업할 수 있는 환경이 창의적 아이디어와 업무 집중도를 높인 것이다.

글로벌 제약사 한국지사 |
자율좌석제로 공간 효율·만족도 개선

서울에 위치한 한 글로벌 제약사 한국지사는 사무 환경에 자율좌석제를 도입하여 공간 효율성과 직원 만족도를 크게 높인 사례다.

기존에는 약 900평 규모의 사무실(150명 직원 규모)에서 임원을 포함한 30명가량이 개인 사무실을 쓰고 나머지는 고정 좌석에 근무했으나, 혁신 후에는 모든 개인 사무실을 폐지하고 좌석 수 자체를 줄이는 대신 카페테리아와 회의실 등 공유 공간을 확충했다.

사무실을 900평에서 600평으로 약 33% 축소함으로써 임대료 등의 비용을 절감했고, 절감된 비용은 직원 복지에 재투자되었다. 공간 활용도의 개선으로 동일 인원을 더 적은 공간에 수용할 수 있게 되어 효율이 높아졌다.

사무실 구조 개편 3개월 후 실시한 설문조사에서 직원 업무 환경 만족도가 10점 만점 기준 기존 3점대에서 8점대로 크게 상승하는 결과가 나왔다. 이는 구성원들이 개방적이고 편리해진 업무 공간에 대해 긍정적으로 반응했음을 보여주며, 쾌적한 환경이 직원 만족도를 크게 높인 사례다.

마이크로소프트 네덜란드 |
ABW 도입으로 생산성 25% 향상

마이크로소프트Microsoft 네덜란드 법인은 2008년 사무실을 '활동 기반 업무 환경ABW: Activity-Based Working' 형태로 재구성하여 새로운 업무 방식을 시도했다. 개인 사무실을 없애는 대신 다양한 업무 존(팀 협업 테이블, 집중 업무 공간, 회의실, 라운지, 수면실 등)을 마련하여 직원들이 업무 특성에 따라 공간을 선택하도록 했다. 이는 직원들의 사회적 교류와 협업을 촉진하고 마이크로소프트의 소프트웨어로 어디서나 일할 수 있음을 보여주려는 목적이었다.

ABW 도입 이후 생산성이 25% 향상되었으며, 효율적인 공간 활용으로 부동산 비용이 30% 절감되는 성과를 거두었다. 유연한 업무 환경이 직원들의 업무 효율을 높이고, 동시에 공간 유지비용을 크게 낮춘 사례다.

디자인이 곧 비즈니스다

내셔널 그리드 영국 |
협업 공간 재설계로 연 2천만 파운드 성과

영국의 에너지 기업 내셔널 그리드National Grid는 워릭Warwick 본사 오피스의 재설계를 통해 업무 생산성과 효율을 높였다. 2010년경 사무실 이용 현황을 조사한 결과, 사무실의 평균 점유율이 40% 수준에 불과한 반면, 회의실 부족에 대한 불만이 높다는 점을 발견했다. 이에 본사 2층 약 250명 근무공간을 실험층으로 선정, 좌석 배치를 대폭 변경했다. 개인 데스크 공간을 전체 면적의 80% 차지하던 것에서 50%로 축소하고, 그 공간을 프로젝트룸, 협업 공간, 다양한 업무 스타일을 지원하는 장소로 전환했다. 이후 직원들의 의사결정 시간을 측정하고 인지능력 테스트를 병행하는 등 과학적 접근으로 변경 효과를 검증했다.

파일럿 결과 직원 성과가 8% 향상되었으며, 이를 본사 전체 3,000여 명 규모로 확대·적용한 결과 연간 약 2천만 파운드(한화 약 300억 원) 상당의 생산성 증가 효과가 난 것으로 추산되었다. 회의 공간 확충만으로도 약 5%의 생산성 증대 효과가 있었으며, 공간 재편 후 직원 편안함과 만족도 지수가 8% 높아졌다고 보고되었다. 또한, 동일한 사옥에 약 1,000명의 인원을 추가로 수용하면서도 업무 밀도나 효율이 오히려 향상되는 결과를 얻어, 공간 활용도 측면에서도 큰 성공을 거둔 사례다.

커먼웰스 은행 호주 |

ABW 도입과 디지털화로 비용 절감과 워라밸 개선

호주의 대형 금융기업 커먼웰스 은행Commonwealth Bank은 시드니 본사에 ABW 개념의 스마트 오피스를 도입하여 업무 방식을 혁신했다. 2012년 완공된 시드니 캠퍼스에서는 전통적인 폐쇄형 사무실을 없애고, 직원 6,400여 명을 여러 건물에 분산해 있던 것을 한 캠퍼스로 모아 유연한 좌석 배치와 부서 간 교류 증진을 꾀했다. 다양한 업무 형태를 수용하기 위해, 일하는 방식에 대한 고정관념을 깨고 공간을 설계한 결과, 임직원들이 필요에 따라 공간을 선택하고 자유롭게 이동하며 일할 수 있게 되었다.

ABW 도입 후, 내부 조사에서 대다수 직원들의 생산성, 워라밸, 협업 수준, 그리고 회사에 대한 자부심이 향상된 것으로 나타났다. 결근율 감소 등의 긍정적 변화도 확인되어, 유연한 업무 환경이 직원들의 몰입과 건강한 근무 문화에 기여함을 보여주었다.

또한, 종이 없는 디지털 업무 환경을 구축하여 출력량을 40% 줄이는 데 성공했고, 동일한 공간에 20% 더 많은 직원을 수용할 수 있게 되어 부동산 공간 효율을 크게 높였다. 이는 업무 공간 혁신을 통해 비용 절감과 협업 증진, 친환경 경영을 동시에 달성한 사례로 평가된다.

공간이 곧 전략이라는 확신

각 사례는 공간 전략의 변화가 가져온 성과를 잘 보여준다. 이러한 사례들은 업무 공간 디자인 혁신이 생산성 향상, 직원 만족도 제고, 이직률 감소 등 실질적인 경영 성과로 이어질 수 있음을 보여주며, 기업들이 공간을 비용이 아닌 전략적 투자로 인식하도록 만드는 근거가 되고 있다.

공간은 결국 숫자로도, 감정으로도 이야기할 수 있다. 하지만 가장 설득력 있는 공간은, 두 언어를 동시에 말할 수 있는 곳이다. 이 사례들은 '디자인이 전략이 될 수 있다'는 가능성을 넘어, 디자인이 곧 성과라는 확신으로 우리를 이끈다.

그러나 기억해야 할 점도 있다. 지금까지 살펴본 ABW(활동 기반 업무 환경)는 유연성과 자율성을 중시하는 업무 방식에 매우 적합하지만, 모든 조직이 동일한 방식으로 적용할 수 있는 것은 아니다. 예를 들어, 법률이나 회계처럼 고도의 집중력과 정보보안이 중요한 업종은 고정 좌석과 폐쇄형 구조가 더 적합할 수 있다.

업종의 특성과 기업 문화, 일의 리듬에 따라 필요한 공간 구성은 달라지기 마련이다. 결국 중요한 것은 트렌드를 따르는 것이 아니라, 그 조직만의 일하는 방식과 문화에 맞게 공간을 '정밀하게 설계'하는 것이다. 디자인은 그 조직을 위한 '맞춤형 전략'이어야 한다.

성과는 숫자보다 먼저 분위기로 감지된다

공간 만족도, 회의실 사용률, 집중 시간, 생산성, 이직률—이 모든 데이터는 공간이 조직에 미치는 영향을 설명하기 위한 치수다. 하지만 공간의 진짜 성공은 숫자보다 먼저 '사람'을 중심으로 읽혀야 한다.

현장에서 먼저 들려오는 말들은 오히려 더 솔직하다.

"요즘 회사 가는 게 조금 덜 부담스러워졌어요"

"예전보다 집중이 더 잘돼요"

"외부 카페보다 오히려 회사 캔틴이 더 좋아요"

이런 작은 변화들이 쌓여 조직의 감정선과 몰입도를 바꾸기 시작한다. 그리고 이러한 변화는, 숫자보다 먼저 분위기로 감지된다.

회의실 예약률이 늘어나기 전에, 그 공간에서는 이미 직원들이 자연스럽게 모이고 있었다. 몰입도가 높아졌다는 통계가 나오기 전에, 직원들은 조용한 업무 공간을 자연스럽게 사용하기 시작했다. 이직률이 줄었다는 보고서가 올라오기 전에, 퇴근 시간이 늦어졌고, 그 이유는 '일이 많아서'가 아니라 '그냥 더 있고 싶어서'였다.

좋은 공간은 사용자보다 디자이너가 먼저 안다. 그래서 디자이너는 숫자가 나오기 전에, 그 변화를 눈치챈다.

"분위기가 달라졌다"

어느 날 현장을 방문했을 때, 사람들이 캔틴에서 자연스럽게 앉아 담소를 나누고, 미팅룸 안에서 서로 주고받는 따뜻한 미소를 보면 알 수 있다. 그 공간은 이제 단지 '일하는 곳'이 아니라, '함께 존재할 수 있는 곳'이 되었다는 것을.

조직 문화는 말이 아니라 환경으로 바뀐다

디자인은 단순히 아름다움을 만드는 일이 아니다. 특히 업무 공간에서의 디자인은, 조직이 어떤 사람들과 일하고 싶은지, 어떤 관계를 원하는지, 어떤 가치관을 지향하는지를 공간으로 말하는 일이다. 그리고 이 메시지는, 사내 문서나 비전, 슬로건보다 훨씬 더 강하게 사람들에게 영향을 준다.

공간은 조직의 철학과 비전을 눈에 보이게 만들고, 피부로 느껴지게 한다. 따라서 기업이 "우리는 어떤 문화를 원한다"고 말하는 순간, 그 말이 담길 수 있는 물리적 구조 역시 바뀌어야 한다.

조직 문화는 '단어'가 아닌 '환경' 속에서 형성된다. 사람들은 공간을 통해 조직의 기대치를 감지하고, 그에 맞게 행동을 조정한다. 그리고 이 반복된 행동은 결국 새로운 문화로 이어진다. 이것이 '공간을 통한 문화 전환'이 일어나는 방식이다.

예를 들어, 어떤 기업이 "수평적이고 자율적인 문화를 만들겠다"고 선언했지만, 임원의 방이 따로 있고, 회의실 예약은 복잡하고, 팀 사이가 물리적으로 단절되어 있는 사무실은 그 문화와 충돌할 수밖에 없다. 반대로, 개방된 라운지, 스크럼 존, 누구나 접근할 수 있는 협업 테이블은 '자율'과 '소통'을 자연스럽게 유도한다.

공간은 사용자에게 직접적으로 말하지 않고도, '이곳에서는 이렇게 행동해도 괜찮다'라는 신호를 준다. 그 신호를 받은 사람들은 조금씩 더 자유롭게, 더 수평적으로 행동하기 시작한다. 그렇게 문화는 바뀐다.

직원 만족도는 인사HR 정책만으로 높일 수 없다. 일하는 공간이 '나를 위한 공간'이라는 느낌을 줄 때, 비로소 감정은 신뢰로 연결된다. 그리고 정서적 만족은 업무 몰입과 애사심의 토대가 된다.

이러한 변화 속에서, 공간은 복지보다 강력한 경쟁력으로 떠오르고 있다. 높은 연봉, 유연한 근무제도만으로는 인재를 붙잡을 수 없다. 사람들은 이제 '어디서 일하느냐'에서 '어떤 공간에서 일하느냐'를 본다. 좋은 공간은 그 자체로 회사의 철학과 분위기를 말해주고, 그 메시지는 회사 소개서보다 더 강력하게 사람의 마음을 움직인다.

공간은 브랜드의 얼굴이 된다

더 나아가, 공간은 브랜드를 리브랜딩하는 직관적인 매개체가 되었다. 조직의 정체성은 이제 비전 문구나 회사 로고가 아닌, 그들이 구성원을 위해 만든 물리적 환경 속에서 구현된다. 기업의 철학과 비전, 조직 문화를 공간에 '구현'하는 것, 그것이 진짜 브랜드다.

예를 들어, 고객이 회사를 방문했을 때 처음 마주하는 로비의 분위기, 회의실의 구조, 복도의 조도와 색감 등은 무의식중에 그 브랜드의 성격을 보여준다. 동시에 직원들 역시 매일 마주하는 공간을 통해 브랜드의 가치를 일상 속에서 체감한다.

공간은 브랜드의 얼굴이자, 목소리다. 그 공간에 담긴 톤 앤 매너Tone & Manner, 기술과 소재의 선택, 구조와 형태, 흐름 하나하나가 브랜드를 말해준다. 그래서 기업은 공간을 단순히 업무 장소가 아닌, 브랜드를 살아 숨 쉬게 만드는 '전략 자산'으로 인식해야 한다.

디자이너는 감정을 설계하는 사람

공간 디자이너는 단순히 바닥재나 가구를 선택하는 사람이 아니다. 디자이너는 그 공간 안에서 어떤 태도와 감정이 흐르기를 바라는가를 설계하는 사람이다. 그렇기에 디자인은 말보다 앞서고, 설득보다 깊다.

좋은 디자인은 트렌드를 따르기보다, 그 조직의 고유한 리듬에 맞춰 세심하게 조율되어야 한다. 측정 가능한 지표는 성공의 근거이고, 측정할 수 없는 감정은 성공의 본질이다. 좋은 공간은 이 두 가지를 함께 설계한다.

그리고 그 안에서, 우리는 '사람의 삶'을 디자인한다.

1. 조직의 철학은 공간 속에 '느껴져야' 한다

좋은 공간은 말하지 않아도,

그 조직이 어떤 사람들과 함께 일하고 싶은지,

어떤 문화를 지향하는지를 보여준다.

'이 조직은 어떤 가치를 추구하고 있는가',

'우리는 어떻게 일하고 있는가',

'무엇을 소중히 여기는가'.

공간은 그 모든 질문에 대한 시각적, 감각적 답변이 되어야 한다.

디자이너는 브랜드의 언어를 공간의 구조로,

리더십의 방향을 동선의 흐름으로 번역한다.

"이 조직은 이렇게 일하는 사람들이 모여 있구나"

그 공간을 걷는 순간,

조직의 문화가 피부로 와닿아야 한다.

2. 직원을 '이해하는 것'에서 디자인은 시작된다

업무 공간은 단지 주어진 환경이 아니라,

직원들이 '함께 살아가는 풍경'이 되어야 한다.

그래서 우리는 구성원이 이 공간 안에서

주체적으로 일하고, 연결되고, 회복할 수 있도록 설계한다.

직원들이 일하는 방식, 원하는 분위기, 하루의 흐름에 대한

감각에서 디자인은 출발한다.

프란앤코는 업무 공간을

직원 중심의 심리적, 신체적 리듬에 맞춰 설계하며,

직원이 조직 문화를 함께 만들어 가는 주체로

살아갈 수 있도록 공간을 디자인한다.

존재하는 공간이 아니라, 존중받는 공간을 지향한다.

좋은 공간은 사람을 바꾼다.

그리고 좋은 오피스는 회사의 미래를 바꾼다.

3. 디테일은 조직 문화의 온도를 결정한다

오피스의 분위기를 만드는 건 화려한 구조나 장비가 아니다.

라운지의 조도, 회의실 유리의 투명도, 의자의 감촉,

공간에 머무는 소리, 함께 일하는 창의적인 코너,

혼자 있어도 불편하지 않은 한 자리.

이 모든 요소가 조직의 감정을 설계한다.

프란앤코는 늘 묻는다.

"이 디테일은 직원의 하루를 어떻게 바꿀 수 있을까?"

디테일이 달라지면,

조직의 분위기와 사람의 태도도 함께 달라진다.

4. 공간은 조직보다 앞서 '전략'을 제안할 수 있어야 한다

디자이너는 단순히 요구사항을 구현하는 사람이 아니다.

오히려 기업의 가능성을 먼저 감지하고

공간으로 전략을 제안하는 사람이다.

때로는 공간이 조직보다 앞서 변화의 방향을 이야기한다.

그리고 그 안에서 작지만 강한 시뮬레이션이 시작된다.

'지금은 보이지 않지만, 곧 필요해질 변화를 담은 공간'

그 잠재적 요구를 미리 감지해 설계에 반영할 때,

공간은 '지금을 위한 해결책'을 넘어,

'내일을 위한 유연한 대응력'이 된다.

그 가능성을 품은 디자인이 진짜 전략적 공간이다.

그래서 프란앤코는 이렇게 묻는다:

"당신의 회사는, 앞으로 어떤 공간에서 일하게 될까요?"

그리고 그 질문에 스스로 답하지 못하는 조직에게,

"그 공간에 머무르고 싶은 이유부터, 함께 찾아볼까요?"

fran & co

철학이 머무는 곳, 디자이너의 아뜰리에

서울의 어느 건물 안, 우리는 창 하나 없는 작은 공간을 들였습니다. "작고 빛도 들지 않는 이곳에서, 우리의 디자인 철학을 어떻게 담을 수 있을까?" 그 질문이 프란앤코의 첫 번째 오피스, '디자이너의 아뜰리에'를 시작하게 만든 출발점이었습니다.

제한된 예산과 빛이 들지 않는 환경, 딱딱한 철제 벽체 속에서도, 우리는 그 안에 따뜻함과 투명함, 회복과 영감을 담고 싶었습니다. 사람이 머무는 이유가 생기는 공간, 단지 일을 하는 장소가 아니라, '공간을 통해 사람들의 삶을 아름답게 만든다'는 우리의 철학을 가장 솔직하고 밀도 있게 구현한 공간이 되길 바랐습니다.

기존에 칠해져 있던 연한 민트빛 벽은 우리가 담고자 한 감성과 어울리는 색이었습니다. 우리는 기존 벽을 그대로 살려 브랜드의 감성과 연결했고, 한쪽 벽면에는 숲의 풍경을 담은 벽지를, 공간 곳곳에는 인조조경을 배치해, 근처 서울식물원의 분위기와 이어지도록 했습니다. 마치 바깥세상의 자연이 이 안으로 스며드는 듯한 풍경은 작은 공간을 시각적으로 확장하면서도, 감정을 편안하게 가라앉히고 창의적인 생각이 피어날 수 있도록 해줍니다.

입구에는 프란앤코 로고가 새겨진 대형 유리문을 설치했습니다. 처음 들어오는 순간부터 브랜드의 존재감을 강하게 인지할 수 있도록 말이죠. 안쪽으로 들어오면, 주황색 포인트 카펫이 업무 공간과 라운지를 생기있게 구분해 주고, 뒤편 책장에는 디자인 영감을 자극하는 오브제와 책들이 자리하고 있습니다.

미팅룸과 자재 샘플 존은 숲 테마 벽지를 배경으로 자리 잡고 있습니다. 무늬목 제작가구와 트레버틴 대리석 테이블, 라탄 체어 같은 자연 소재는 일과 쉼 사이의 균형을 이어주는 풍경을 만듭니다. 자재 샘플 존은 직관적으로 보고, 만지고, 함께 이야기할 수 있도록 구성하여, 디자인이라는 일이 머리로만 하는 것이 아님을 알려줍니다.

워크숍 공간은 간접 조명과 커튼을 이용해 부드럽게 분리하여, 전체 구조를 해치지 않으면서도 시선과 분위기를 정리할 수 있도록 설계했습니다. 커튼 뒤의 기존 철제 벽을 그대로 살림으로써, 언젠가 공간을 되돌려야 할 날이 와도 쉽게 복구할 수 있도록 했습니다. 자원을 낭비하지 않되 아름다울 수 있는 방법, 그것이 우리가 생각하는 책임 있는 디자인입니다.

높이 조절이 가능한 책상과 인체공학적 의자, 모니터 암은 몸의 피로를 줄이는 실질적 배려이고, 업무 공간과 미팅룸, 샘플 존, 그리고 라운지는 함께 일하는 사람들의 속도와 감정을 존중하는 심리적 배려입니다. 직원 한 명 한 명의 일상이, 이 작은 공간 안에서 존중받는 풍경이 되기를 바랐습니다.

'디자이너의 아뜰리에'는 한국 오피스 디자인의 패러다임이 변화하고 있음을 보여주는 공간입니다. 하루의 대부분을 보내는 사무실이 정서와 감정에 미치는 영향은 결코 작지 않습니다. 이 프로젝트는 창이 없는 작은 공간이라는 제약을 오히려 치유적이고 창의적인 장소로 전환하며, 도시형 업무 공간에 새로운 기준을 제시합니다.

'디자이너의 아뜰리에'는 크지 않습니다. 하지만 여기엔, 우리가 무엇을 믿고 어떻게 디자인하는지를 온전히 담아낸 풍경이 있습니다. 단순히 예쁜 공간을 만든 것이 아닙니다. 우리는 제약을 제약으로만 보지 않았고, 그 안에서 새로운 가능성을 발견하고, 조용하지만 강한 메시지를 가진 공간을 만들어 냈습니다.

좋은 공간은 사람을 바꿉니다. 당신이 어느 날 이곳을 방문하게 된다면, 그 철학이 조용히 머무는 공기를 느끼게 될지도 모릅니다.

프란앤코 Fran&Co 오피스(서울, 한국)
'세계 3대 디자인 어워드', iF DESIGN AWARD 수상작

어떤 디자인이 좋은 디자인인가?

좋은 디자인이란 무엇일까요? 이 질문은 디자이너만 아니라 경영인, 브랜드 관계자, 그리고 공간을 사용하는 모든 사람에게 중요한 고민거리입니다.

예쁠 것, 필요 요소를 담을 것, 독창적일 것. 그 모든 조건에 앞서 우리가 던져야 할 질문은 이것입니다.

"이 공간은 누군가의 삶을 나아지게 만들고 있는가?"

공간의 주체는 '사람'입니다. 공간은 가구로 채우거나, 제품을 나열하는 장소도 아니며, 디자이너의 미적 욕망을 표현하는 무대도 아닙니다. 진짜 디자인은 그 공간에서 누가, 어떻게, 왜 살아갈지를 상상하고 이해하는 데서 출발합니다.

공간은 보여지기 위한 것이 아니라 사용되기 위한 것입니다. 그렇기에 디자이너의 기준이 아닌, 사용자의 삶의 기준에서 설계되어야 합니다. 그 공간에 들어설 사람들의 하루의 흐름, 행동의 동선, 기대하는 감정까지도 디자이너는 마치 자신의 일처럼 깊이 공감하고 읽어내야 합니다.

아이, 여성, 남성, 노인, 휠체어를 탄 사람, 또는 반려동물과 함께하는 가족까지. 그들이 앉고, 걷고, 바라볼 모든 순간의 시선을 스스로의 눈으로 대신 바라보려는 노력, 그것이 진정한 사람 중심 디자인입니다.

좋은 디자인은 사람의 일상을 풍요롭게 만들고, 사람과 브랜드, 사람과 공간 사이에 깊은 관계를 형성합니다. 그 공간은 어느새 일상 속으로 자연스럽게 스며들어, 사용자에게는 기억으로, 브랜드에게는 신뢰로 남습니다.

디자인은 단지 효율을 추구하거나 트렌드를 반영하는 것이 아니라, 삶을 바꾸는 감각적인 언어이자 철학입니다. 그 철학은 디자이너의 이름보다, 사용자의 경험 안에 남아야 합니다.

좋은 디자인은 사람의 삶을 변화시키고, 변화된 삶은 또 다른 공간을 만들어 냅니다. 그 공간은 다시 누군가의 일상에 조용히 스며들어, 또 하나의 아름다움을 만들어 갑니다. 우리는 그 선순환의 시작점에, '프란앤코'라는 이름을 조용히 놓아두려 합니다.

그리고 나는, 이 여정을 혼자만의 길로 남기고 싶지 않습니다. 같은 가치를 믿고, 같은 아름다움을 꿈꾸는 사람들과 클라이언트로서, 동료로서, 팀원으로서 함께 고민하고, 함께 만들어 가고 싶습니다.

삶을 바꾸는 공간을 함께 설계하는 것—그것이 내가 꿈꾸는 디자인의 미래입니다.

이제, 당신의 공간 차례입니다.

이현주(줄리아)

프란앤코 Fran&Co

이 책은 내가 공간을 통해 전하고자 하는

첫 번째 이야기입니다.

참고문헌

Part 4. 선순환 구조를 만드는 업무 공간 전략

Lenny Beaudoin. (n.d.). *What Millennials Really Want in the Workplace*. https://www.cbre.com/insights/articles/what-millennials-really-want-in-the-workplace

Linda Trim. (n.d.). *What makes workplace design the single most important thing to Millennials?* https://www.hrfuture.net/employee-lifecycle/skills-learning-coaching-mentoring-training-development/what-makes-workplace-design-the-single-most-important-thing-to-millennials

Mark Zettl. (2022, November 29). *Office Buildings Are Still Less Than 50% Occupied. Who Should Worry?* https://www.forbes.com/sites/markzettl/2022/11/29/office-buildings-are-still-less-than-50-occupied-who-should-worry

Erin McLaughlin. (2024, June 24). *A 50% Office Occupancy Rate Means Trouble for US Cities.* https://www.conference-board.org/publications/50-percent-office-occupancy-rate-means-trouble-for-US-cities

Mark, G., Gudith, D., & Klocke, U. (2008). The cost of interrupted work: More speed and stress. *Proceedings of the SIGCHI Conference on Human Factors in Computing Systems*, 107-110.

Csikszentmihalyi, M. (1990). Flow: *The Psychology of Optimal Experience.* New York: Harper & Row.

Won, A. S., Bailenson, J. N., & Jabon, M. E. (2014). Automatically detected nonverbal behavior predicts creativity in collaborating dyads. *Journal of Nonverbal Behavior,* 38(3), 389 - 408.

Krekel, C., Ward, G., & De Neve, J. E. (2019). "Employee wellbeing, productivity, and firm performance.", *London School of Economics and Political Science, LSE*

Bosch, M. J., Elving, W. J. L., & de Jong, M. D. T. (2017). The effectiveness of micro-breaks for increasing productivity: A systematic review. *Journal of Organizational Effectiveness: People and Performance,* 4(4), 314 - 328.

Zhao, M., Yu, H., & Zhang, X. (2023). When green enters a room: A scoping review of epidemiological studies on indoor plants and mental health. *International Journal of Environmental Research and Public Health,* 20(1), 100.

Aries, M. B. C., Aarts, M. P. J., & van Hoof, J. (2015). Access to daylight and view in an office improves cognitive performance and satisfaction and reduces eyestrain: A controlled crossover study. *Journal of Environmental Psychology,* 42, 24 - 34.

Chung, H. J., Park, S. Y., Lee, H. J., Kim, M. S., & Kim, S. H. (2015). Analysis of stress effects on the human body in controllable LED lighting environments of different color temperature and illuminance. *KIEAE Journal,* 15(5), 105 - 112.

《경향신문》. (2016, February 10). *사무공간 혁신 성과를 바꾼다.* https://www.khan.co.kr/article/201602102042085

《아시아경제》. (2021, October 22). [인터뷰] '회사에 내 자리가 없다'…'자율 좌석제' 도입하는 기업들. https://www.asiae.co.kr/article/2021102211112157005

Robin Powered. (2019, March 11). *Six Companies with Activity-Based Working Environments.* https://robinpowered.com/blog/six-companies-activity-based-working-environment

HR Magazine. (2015, December 01) *Boosting Productivity Through Workplace Design.* ttps://www.hrmagazine.co.uk/content/features/boosting-productivity-through-workplace-design

Veldhoen + Company. (n.d.). *ABW Case Study: Commonwealth Bank.* https://www.veldhoencompany.com/case-studies-commonwealth-bank-australia

이미지 출처

48 © Gary Sexton

49 © Josh Pazda Hiram Butler

51 © Hasse Ferrold

56 © Tate Photography

58 © Metalocus

63 © Louvre Aabudhabi

69 © 국립현대미술관

72 © Frankfurt-photography

74 © Aman

79 © Icehotel

84 © Koji Fuji

86 © Idei

89 © Sean Pavone

95 © Guggenheim Bilbao

97 © Fuksas

102 © Guggenheim NewYork

디자인이 곧 비즈니스다

초판 1쇄 발행 2025. 11. 19.

지은이 이현주(줄리아)
펴낸이 김병호
펴낸곳 주식회사 바른북스

편집진행 김재영
디자인 최다빈
마케팅 송송이 박수진 박하연

등록 2019년 4월 3일 제2019-000040호
주소 서울시 성동구 연무장5길 9-16, 606호 (성수동2가, 블루스톤타워)
대표전화 070-7857-9719 | **경영지원** 02-3409-9719 | **팩스** 070-7610-9820

•바른북스는 여러분의 다양한 아이디어와 원고 투고를 설레는 마음으로 기다리고 있습니다.

이메일 barunbooks21@naver.com | **원고투고** barunbooks21@naver.com
홈페이지 www.barunbooks.com | **공식 블로그** blog.naver.com/barunbooks7
공식 포스트 post.naver.com/barunbooks7 | **페이스북** facebook.com/barunbooks7